dtv premium

CHRISTOPH MEYER

Herbert Wehner

Biografie

Christoph Meyer: Herbert Wehner. Biographie

Thema: Das Buch

- **Verlag:** Deutscher Taschenbuch-Verlag, München 2006, dtv-Premium Nr. 24551, 579 Seiten, 16 Euro
- **Inhalt:** Herbert Wehner (1906-1990), der Mann mit dem markanten Kopf und der Pfeife im Mund, war eine der herausragenden, aber auch umstrittenen Persönlichkeiten der deutschen Nachkriegsgeschichte. Sein Jahrhundert war das „kurze" zwanzigste, das mit dem Ersten Weltkrieg begann und mit dem Zusammenbruch des Staatssozialismus endete. Herbert Wehners Leben steht für die Kontinuität wie für die Brüche dieser Zeit.
- **Presse:** "Meyer schreibt so wissenschaftlich wie emotional anrührend. Der Mensch Wehner wird sichtbar." (Passauer Neue Presse)

Thema: Autorenlesungen

- **Publikum:** Mindestens 20 Personen, besser 50 und mehr
- **Rahmen:** Möglichst öffentliche Veranstaltung, gerne mit mehreren Trägern/in Zusammenarbeit mit einer Buchhandlung oder Bibliothek
- **Dauer:** Lesung circa 55 Minuten, anschließend Zeit für Diskussion
- **Kosten:** Erstattung der Fahrtkosten, gegebenenfalls Übernachtung, Honorar
- **Werbung:** Erfolgt von den Veranstaltern vor Ort (Pressearbeit, Aushänge in Buchhandlungen, Bibliotheken, Hochschulen etc.)
- **Kontakte:** Zu Buchhändlern:
  Maike Kolbeck, dtv-Verlag (kolbeck@dtv.de; Telefon (089) 38167-218)

  Der Autor:
  Dr. Christoph Meyer, Herbert-Wehner-Bildungswerk (meyer@wehnerwerk.de; Telefon (0351) 8040220)

Weitere Informationen zu Herbert Wehner unter www.wehnerwerk.de/herbertwehner.

Herbert Wehner
1906-1990
Deutscher Jahrhundertpolitiker

Reden zum Herbert-Wehner-Jahr 2006

Christoph Meyer
Franz Müntefering
Helmut Schmidt
Jürgen Schmude
Rolf Selzer
Peter Struck
Hans-Jochen Vogel
Greta Wehner
Cornelius Weiss
Helga Ziemann

Herausgegeben vom Freundeskreis
Herbert-Wehner-Bildungswerk
in Zusammenarbeit mit der
Herbert-und-Greta-Wehner-Stiftung

Zum Geleit

Am 11. Juli 2006 wäre Herbert Wehner 100 Jahre geworden. Grund genug für das Bildungswerk, welches seinen Namen trägt, dieses Jahr zum „Herbert-Wehner-Jahr" zu machen. Mit einer Dauer- und Wechselausstellung, dem Erscheinen einer umfassenden Biographie und einer ganzen Reihe von Veranstaltungen hat das „Wehnerwerk", gemeinsam mit der Herbert-und-Greta-Wehner-Stiftung und unterstützt durch den Freundeskreis Herbert-Wehner-Bildungswerk, des großen, in Dresden geborenen Politikers gedacht.

Weitere Veranstaltungen und Ehrungen, unter anderem in Berlin, Bonn, Hamburg und Recklinghausen, unterstreichen die überregionale, ja nationale Bedeutung dieses Jubiläums. Höhepunkt des Festjahrs aber war die große Feierstunde am 100. Geburtstag von Herbert Wehner in seiner Heimatstadt Dresden. Über 400 Gäste kamen ins Kleine Haus des Staatsschauspiels, um den Reden von Jürgen Schmude, Franz Müntefering, Helmut Schmidt und Greta Wehner zu lauschen. Eine eindrucksvolle, bewegende Veranstaltung und sicher eine bleibende Erinnerung für alle, die dabei sein konnten. Im Anschluß fand das 9. Treffen des Freundeskreises Herbert-Wehner-Bildungswerk statt, und da machte einer der Gäste den Vorschlag, die Reden doch als Festschrift herauszubringen. Sehr gerne, antwortete ich, aber leider hätten wir dafür kein Geld in unserem Haushalt eingeplant. Da meldete sich eines der Mitglieder des Freundeskreises, der sächsische SPD-Landtagsabgeordnete und Dresdner Druckunternehmer Karl Nolle: „Ich sponsere das!" – „Dann machen wir das", so hatte meine Antwort zu lauten, und wir haben es sehr gerne gemacht.

Karl Nolle jedenfalls gebührt für seine Großzügigkeit und unabdingbare Hilfe, ohne welche es diese Broschüre nicht gegeben hätte, an allererster Stelle Dank. Ebenfalls danken möchte ich Sven Braune und Nadine Mahnecke, welche großen Anteil an der Zusammenstellung der Texte der Reden und schließlich an der Redaktion der Broschüre haben.

Am Ende haben wir uns entschieden, die Dokumentation nicht auf die eine Feierstunde zu beschränken, sondern außerdem eine Reihe weiterer Texte aufzunehmen. So die Beiträge von Rolf Selzer und Helga Ziemann, welche sie im Frühjahr 2006 in ihrer Eigenschaft als Zeitzeugen auf kleinen Abendveranstaltungen vor viel zu wenig Publikum im Herbert-Wehner-Bildungswerk gehalten haben. Jeder dieser Texte ist auf seine Weise ein wertvolles Zeugnis lebendiger Erinnerung.

Hinzugekommen sind auch die Beiträge von Peter Struck und Hans-Jochen Vogel in einer Feierstunde von SPD-Parteivorstand und -Bundestagsfraktion in Berlin am 29. Juni 2006 sowie diejenigen von Cornelius Weiss und mir bei einer Buchvorstellung der SPD-Landtagsfraktion Sachsen im Plenarsaal des Alten Landtags zu Dresden am Vormittag des 11. Juli. Und schließlich die Hauptreden einer großen Feierstunde des SPD-Kreisverbands Recklinghausen, dessen Geschäftsstelle schon seit 1984 den Namen „Herbert-Wehner-Haus" trägt, am 22. September.

So ist eine Broschüre entstanden, die fast ein Buch ist, ein kleines Lesebuch zum Wehnerjahr 2006, das zum Nach- und Weiterdenken einladen soll, gerne natürlich auch zum Mitmachen und Mitgliedwerden im Freundeskreis Herbert-Wehner-Bildungswerk. Denn die Arbeit am Werk ist nicht zu Ende, sie geht weiter.

In diesem Sinne: Allen Beteiligten, Organisatoren und Rednern, den hier Genannten und auch ungenannt Bleibenden, ein herzlicher Dank!

Christoph Meyer
Dresden, im Herbst 2006

Ausbildung beim Onkel
Rolf Selzer

Rolf Selzer, ehemaliger SPD-Landesgeschäftsführer Schleswig-Holstein
Gespräch im Herbert-Wehner-Bildungswerk in Dresden am 2. Februar 2006.
Nach der Tonaufzeichnung

Christoph Meyer: Herzlich Willkommen! Als Gast begrüßen wir heute Abend Rolf Selzer, welcher in den 60er Jahren als Volontär bei Herbert Wehner tätig war. Weiterhin war er Geschäftsführer der SPD in Schleswig-Holstein und Landtagsabgeordneter. Danach hat Rolf Selzer sich schriftstellerisch betätigt und Erinnerungen an zwei Sozialdemokraten geschrieben: Jochen Steffen und Herbert Wehner. Diese knappe Ausarbeitung hat den Titel „Stiernackige Profilierte Dickschädel". Wie hast du denn Herbert Wehner kennengelernt?

Rolf Selzer: Einen schönen Abend. Im Raum gibt es mindestens drei Menschen, die den Herbert Wehner viel besser kannten als ich. Einmal ist es Christoph Meyer, der das künstlerische Gesamtwerk über ihn schreibt. Die zweite Person ist Greta Wehner, die ihren Mann natürlich besser kannte als ich. Der andere ist Klaus Liepelt, der den Herbert Wehner kannte, liebte und mit ihm seine Diskussionen hatte.

Herbert Wehner kannte ich aus einer Zeit, in der ich im Vorstand der Sozialistischen Jugend „Die Falken" war. Die „Falken" waren damals ein linker Arm der SPD, und das war dem „Onkel" immer ein wenig verdächtig. Während einer Sitzung, in der es darum ging, den Frieden mit der SPD wiederherzustellen, hatte er uns Falken ins Visier genommen. Da sagte er: „...und dann diese Zugvögel, die Falken. Da gibt man den Kerlen Mittel in die Hand, dann flattern sie gen Osten und scheißen einem auf den Kopf". Hintergrund war, dass eine Delegation der Falken damals in der Tschechoslowakei war. Einer der Falkenhäuptlinge hatte eine Rede gehalten, in der er gegen Strauß wetterte. Das war für Herbert Wehner Nestbeschmutzung. Es war richtig, den Strauß zu beschimpfen. Das hat Herbert Wehner ja auch getan: „Das ist der bayerische Schwatzkopf". Aber in der Tschechoslowakei, im kommunistischen Ausland, durfte man einen deutschen Staatsmann – und sei es Strauß – nicht beschimpfen. So habe ich Herbert Wehner kennen gelernt.

Später traf ich auf Herbert Wehner in Bergneustadt bei der Friedrich-Ebert-Stiftung. Der Vorstand der SPD hatte ein Volontärsseminar ausgeschrieben. Ich hatte das Mindestalter von 25 Jahren noch nicht erfüllt, durfte aber trotzdem zum Bewerbungsgespräch kommen. Ich hatte das große Glück, dass Herbert Wehner sich genau neben mich an meinen Tisch setzte. In meinem jugendlichen Elan gab ich Herbert die Hand und sagte, dass ich mich unwahrscheinlich freue, ihn einmal persönlich kennen zu lernen. Worauf er nur antwortete: „Das wird sich noch herausstellen."

Christoph Meyer: Du warst dann Volontär beim Parteivorstand. Wie muss man sich die Arbeit dort vorstellen?

Rolf Selzer: Das war eine Anstellung die über ein Jahr ging, in der alle möglichen Stoffe zu bearbeiten waren, angefangen von Psychologie über fast wöchentliche politische Unterrichtungen durch Herbert Wehner bis hin zu Theaterbesuchen. Es war auch ein kulturelles Bildungsprogramm. Wir bekamen an die Hand, wie man eine solche Partei organisiert und dass man immer auf alles Mögliche vorbereitet sein muss. Das heißt, wir wurden ausgebildet zu Geschäftsführern. Herbert Wehner hat diesen Begriff „Geschäftsführer" damals eingeführt, vorher waren es die „Parteisekretäre".

Herbert Wehner legte größten Wert darauf, dass ihm jemand die Geschäfte führt und dass wir nicht selber Politik machten. Gleichwohl war es unsere Aufgabe, die Politik des Parteivorstandes in die Parteigliederung, sprich in die Ortsvereine, Kreisverbände, Landesverbände hineinzutragen. Und uns notfalls dafür auch verprügeln zu lassen. Eines lernten wir bei Herbert Wehner: Dass wir unverwechselbar sind.

Wenn ich mir heute den einen oder anderen geschätzten Kollegen bei der SPD anschaue: Der könnte genauso gut auch bei der CDU oder FDP Geschäftsführer sein. Das gleiche bei den Gewerkschaftssekretären, der könnte ebenso Sekretär beim Arbeitgeberverband sein. Herbert Wehner brachte uns bei, dass es etwas Besonderes ist, in der SPD Geschäftsführer zu sein. Das hat uns viel Selbstbewusstsein gegeben. Dafür bin ich ihm dankbar, dass er uns zu Persönlichkeiten herangebildet hat.

Herbert Wehner war übrigens nie der Chef in dem Sinne. Wir haben ihn alle respektiert, aber wir alle waren von Anfang an in seinen Augen gleichberechtigt. Das hatte große Vorteile, aber auch große Nachteile. Jedes Wort, das wir sagten, legte Herbert auf die Waagschale. Sagten wir aus seiner Sicht etwas Dummes, bekamen wir ordentlich einen drauf. Er hat uns also genauso behandelt wie er den Brandt oder den Schmidt behandelt hat. Wir wurden für unser gescheites oder dummes Gerede voll ernst genommen. Und wir waren nie die Lehrlinge im Sinne von Volontären.

Christoph Meyer: Was ist denn unverwechselbar an einem Geschäftsführer der SPD?

Rolf Selzer: Unverwechselbar an einem Geschäftsführer der SPD ist, dass er eben nur für die SPD die Geschäfte führen kann, d.h. er muss auch agieren können. Er muss sich mit seiner Partei identifizieren können. Er muss sich so darstellen können, dass es für ihn nicht ein Job ist, für den er bezahlt wird, sondern er ist ein Teil der Partei nach innen und nach außen. Und diese Unverwechselbarkeit kannst du nicht herstellen, indem du jemand beibringst, wie man ein Notebook bedient, wie man welche Geschäfte abwickelt oder Verträge macht. Du musst ein Stück der Partei sein, das als glaubwürdig wahrgenommen wird. So haben wir versucht, Herbert Wehner zu verstehen.

Christoph Meyer: Während meiner Arbeit habe ich auch einzelne Bruchstücke über Herbert Wehner und die Bildung gefunden. Wie war der Unterricht bei Herbert Wehner? War er ein frontal auftretender Lehrer, der einen Vortrag hält und anschließend wurde eine Diskussion gehalten, oder welchen Stil pflegte Herbert Wehner?

Rolf Selzer: Herbert Wehner informierte uns über das aktuelle Tagesgeschehen. Und wenn ich mich richtig erinnere, kam Herbert Wehner immer nach Parteivorstandssitzungen zu uns. Herbert hat uns dann gesagt, was im Parteivorstand beschlossen wurde. Es war eine sehr bewegte Zeit, denn es war der Beginn der späteren Ostpolitik.

Wehner hat uns informiert und unterrichtet. Ich war, wie gesagt, der Jüngste. Herbert Wehner hatte einen Deutschlandplan formuliert. Der beinhaltete, dass deutsche Politiker mit Polen und mit anderen Ostblockpolitikern, wie es damals hieß, reden sollten bis hin zur Anerkennung Polens. Unter Wehners Federführung kam das mitten in den Bundestagswahlkampf, in dem Brandt Kanzlerkandidat war. Die Bildzeitung, CDU, Arbeitgeberverbände und alles was rechts von der SPD angesiedelt war, haben Wehner als „Vaterlandsverräter" bezeichnet. Haben die ganzen Planungen, die damals in Richtung Wiedervereinigung bestanden haben, verteufelt.

Ein Publizist aus Amerika, William S. Schlamm, hat dies ganz besonders stark auf die Hörner genommen und gesagt: „Was würde eigentlich passieren, wenn Ulbricht jetzt Wehner seinen eigenen Deutschlandplan vorlegen würde?" Das hatte ich in Erinnerung, als Herbert Wehner zu uns nach Bergneustadt kam und uns auf den neuesten Stand brachte. Ich sagte: „Genosse Wehner, ich habe mal eine Frage. Wie ist es eigentlich, was würdest du jetzt machen, wenn Ulbricht dir anböte, aufgrund des Deutschlandplanes mit dir über die Zukunft Deutschlands zu verhandeln?" Daraufhin biss Herbert auf seinen Pfeifenstil, der vibrierte, und quetschte so hinter den Zähnen hervor: „Hmm, da hat einer eine Frage. Diese Frage ist Schlamm, Schlamm hoch vier." Herbert hatte, was mir gar nicht so bewusst war, einen oder zwei Tage zuvor diesen Deutschlandplan zurückgezogen (1). Und der war dann Schlamm und Schlamm hoch vier. Ich junger Kerl dachte, wenn er brüllen kann, kann ich das auch und brüllte: „Entschuldige Genosse Wehner, ich werde dich nie wieder was fragen." Daraufhin hat Herbert wutschnaubend seine Pfeife genommen und ist rausgerannt. Das kann Zufall gewesen sein, aber jedenfalls ist er rausgerannt. Abends saßen wir im Bierkeller in Bergneustadt, und Herbert Wehner kam rein. Ich rutschte unter den Tisch. Er klopfte mir auf die Schulter und sagte. „Sei doch nicht so empfindlich." Danach war der Friede wieder hergestellt. Das war der Ritterschlag.

Ich hatte mit Herbert bis zu seinem Ableben einen guten Kontakt, und wenn es so etwas gibt zwischen den Generationen, dann war das eine politische

Freundschaft, die man nie missen mag. Für mich ist er einer der ganz großen Sozialdemokraten überhaupt.

Christoph Meyer: Passen solche Persönlichkeiten in diese Zeit? Hattet ihr Angst vor Herbert Wehner, wenn er solche Eruptionen hatte?

Rolf Selzer: Wir hatten keine Angst vor ihm. Da hätte er uns ganz schön einen drauf gegeben. Wenn er etwas nicht mochte, dann war das Buckeln. Es war damals richtig, ihn anzubrüllen. Er wollte Widerspruch. Er konnte es nicht ab, wenn jemand buckelte. Er konnte Kriecher nicht ab. Er mochte Widerrede. Er hat uns manchmal beschimpft, wenn eine Veranstaltung in der Ostseehalle stattfand und es keine Zwischenrufe gab. Dann fragte er: „Wo bleiben denn die Zwischenrufe? Sind wir denn hier auf einer Kirchenversammlung?"

Also du fragst, ob er in die heutige Zeit passt? Nein, es ist eine andere Partei geworden. Ich bin 1959 beigetreten. Da war die SPD eine andere Partei. Sie war die Partei Ollenhauers, Wehners, noch Schumachers, noch nicht Brandts. Wir sind aus anderen Beweggründen in die SPD gegangen. Das kann man mit heute nicht mehr vergleichen. Es war eine andere Zeit. Wir hatten damals einen Slogan: „Die SPD geht mit der Zeit." Daraus haben wir damals gemacht: „Die SPD *geht* mit der Zeit."

Es war damals eine hochmoderne Partei, aber mit der von heute nicht vergleichbar. Es gab keine Computer. Es gab die gesamte moderne Technologie nicht. Wir mussten Kampagnen organisieren. Was heute mit einem Rundschreiben über Internet per E-mail innerhalb von Sekunden verbreitet wird, mussten wir damals allabendlich auf Parteiversammlungen den Menschen beibringen. Es ist eine ganz andere Zeit gewesen. Die ist mit unserer heutigen nicht zu vergleichen.

Christoph Meyer: Die Kassierer gingen in den Ortsvereinen herum und kassierten persönlich das Geld. So blieb man im Gespräch.

Rolf Selzer: Meine Mutter, die heute 94 Jahre alt ist und über 60 Jahre Mitglied der SPD, vielleicht sogar bald 70, die hat es immer abgelehnt, ein Konto anzugeben. Die wollte bei ihrem Kassierer jeden Monat die Marke kaufen und mit ihm einen Schnaps trinken. Das war so. Die SPD war eine Familie.
Ich habe das in Schleswig-Holstein mitgemacht, von einer verschworenen kleinen Gemeinschaft bis hin zur Regierungspartei, die dann im vorigen Jahr durch Verrat ihre Regierungsfähigkeit verloren hat, als aus Falschheit die Ministerpräsidentin abgewählt wurde. Vorher war es eine verschworene Gemeinschaft. Jetzt ist es eine Partei mit all den Nachteilen und all den Facetten, die die Macht mit sich bringt.

Christoph Meyer: Herbert Wehner war ja jemand, der die Partei geöffnet hat. Er hat der Partei beigebracht, dass man um die Macht kämpfen muss. Ein Zitat von ihm war: Politik macht man, damit man die Macht im Staat ausüben kann. Man muss aufpassen, dass man sie dann nicht wieder abgibt. Herbert Wehner gehört gleichzeitig auch in die alte Tradition der Arbeiterbewegung.

Rolf Selzer: Ich behaupte, die SPD musste nach dem Krieg erst wieder eine eigene Identität finden. Tradition, das hätte doch geheißen, man müsste an dem anschließen, wo man 1933 aufgehört hatte. Dazwischen waren die Nazizeit und der Krieg. Die SPD musste erst wieder eine eigene Identität finden.

Die SPD wurde von unten aufgebaut, aus den Kommunen. Die SPD war damals noch keine Bundespartei. Die einzigen, die man damals als Bundespolitiker kannte, und das waren wenige, waren Carlo Schmid, Kurt Schumacher und später Herbert Wehner. Das war dann die SPD. Man kann sich nicht vorstellen, dass das damals schon eine Massenorganisation war, die fähig gewesen wäre, von der Zustimmung her, Regierungsfunktionen auszuüben.

In der Zeit haben Kommunalpolitiker die Politik der SPD geprägt. Da waren der Münchner Oberbürgermeister Wimmer, da waren Kaisen in Bremen, in meiner Heimatstadt Kiel Andreas Gayk und Walter Kolb.

Christoph Meyer: Gab es bestimmte Lehrinhalte? Was habt ihr konkret von Herbert Wehner gelernt? Was waren seine Inhalte, die er euch besonders vermitteln wollte?

Rolf Selzer: Herbert Wehner hat uns beigebracht, wie man politische Inhalte organisatorisch umsetzt und wie man aus einer politischen Willensbekundung Kampagnenfähigkeit macht. Wir fuhren nachts durch die Lande und haben Flugblätter produziert und haben sie morgens vor den Betrieben, Verwaltungen und Bahnhöfen verteilt.

Herbert Wehners Schwerpunkt war eigentlich die Arbeit mit Arbeitnehmern, das heißt jeder von uns bekam mit auf den Weg: „Die Arbeitnehmer sind nicht der rechte und nicht der linke Flügel der Partei. Sie sind das Herz der Partei." Er hat uns gelehrt, dass die Betriebsgruppen der SPD unsere Stammwähler sind und die unsere Politik verstehen müssen. Dann erst kann damit gerechnet werden, dass die SPD die Mehrheiten von den Kommunen bis in den Bund bekommt. Das sind so die wesentlichen Punkte.

Weitere Aufgaben waren: politische Vorgaben in die Parteiorganisation zu bringen (heute wird dies von Computern erledigt), die Rolle der Ortsvereine zu stärken und für ausgefallene Redner einzuspringen. Ich erinnere mich, dass während meiner Volontärszeit im Lande Niedersachsen zwischen dem Vatikan und dem Land Niedersachsen ein Staatsvertrag geschlossen wurde, das sogenannte Konkordat. Die SPD von Niedersachsen war dagegen, aber es war im Sinne der Bundespartei, denn sie wollte auf diesem Gebiet hoffähig werden, und so hat Herbert Wehner schlicht und einfach gesagt: „So Leute, ihr geht jetzt nach Niedersachsen und hämmert den Genossen ein, dass das Konkordat wichtig ist." Da mussten wir die Einzelheiten des Konkordats mühselig in Ortsvereinsversammlungen erklären, obwohl wir selber davon auch nicht überzeugt waren. Am Ende hatten wir es geschafft, und die niedersächsische SPD war für das Konkordat.

Neue Mitglieder werben, das war eine ganz wichtige Aufgabe, die Herbert Wehner uns mit auf den Weg gab. Wehner hat nicht gesagt: Man nehme das und gibt das dazu und rühre alles zusammen. Sondern er hat versucht, in uns Einzelnen die Kreativität zu wecken, welche Mittel dafür eingesetzt werden und wie wir uns selber einbringen konnten: Seht zu, wie ihr zu neuen Mitgliedern kommt!

Innerparteiliche Bildungsarbeit gehörte genauso dazu. Unsere Aufgabe war auch, das „Godesberger Programm" zu lehren. Was ganz wichtig war, den politischen Gegner zu beobachten. Das hat Herbert Wehner, wenn er ganz kribbelig war, immer „Feindbeobachtung" genannt. Genauso wichtig war es, die Parteikasse zu hüten. Heute ist ja jede Parteikasse fast Konkurs. Ich weiß ja nicht wie es hier in Sachsen ist, aber das war eine ganz wichtige Aufgabe, weil er sagte: „Wir können nicht politikfähig werden, wenn wir in Schulden leben." Und dann mussten wir natürlich auch Öffentlichkeitsarbeit machen, Presseerklärungen etc. Das waren die wichtigsten Punkte.

Christoph Meyer: Es ist heute sicherlich wichtig, die neuesten Medien zu nutzen, wie zum Beispiel das Internet, aber fehlt dadurch nicht heute etwas?

Rolf Selzer: Ich will nicht alles bekritteln, was heute gemacht wird. Aber wichtiger wäre es, wenn es Personen gäbe, die sich für die Themen, die vermittelt werden sollen, anbieten und diese vermitteln. Also die Computerschrift auf dem Bildschirm wird nichts nutzen und wird nicht dazu beitragen mehrheitsfähig zu werden. Es genügt nicht eine Mehrheit zu haben, sondern die Mehrheit muss auch mitreißen können, muss begeisterungsfähig sein. Das wirst du vermutlich mit den rein technischen Mitteln nicht schaffen.

Christoph Meyer: Aber wie macht man das? Ich denke da gerade auch in Sachsen an Betriebsgruppen oder den Arbeitnehmerbereich. Wo sollen wir denn da welche gründen? Wie geht das? Wer wären denn die Ansprechpartner? Wie führt man in dieser zerfaserten, individualisierten Gesellschaft die Menschen zusammen?

Rolf Selzer: Es wird zunächst darauf ankommen, dass diejenigen, die Verantwortung für die Partei tragen, auch ihre eigene Glaubwürdigkeit unter Beweis stellen. Wenn nämlich ein glaubwürdiger Funktionär der Partei ein Argument bringt, dann wird man ihm das abnehmen und wird sich damit auseinandersetzen. Technik – und die Arbeit der Menschen: Dann können wir wieder Überzeugungsarbeit leisten.

Gast: Wie waren die Aufwandsentschädigungen während deiner Volontärszeit?

Rolf Selzer: Nein, wir bekamen 800 Mark als Entschädigung, denn viele von uns waren auch schon verheiratet, hatten Familie. Wir waren angestellt für ein Jahr und bekamen 800 DM damals, als Volontärsgehalt.

Christoph Meyer: Gab es am Ende ein Diplom?

Rolf Selzer: Ja, ein Diplom, unterschrieben von Willy Brandt, Herbert Wehner, Fritz Erler, Alfred Nau. Ja, das gab es. Hat „erfolgreich teilgenommen", stand darauf.

Greta Wehner: Herbert hatte gesagt, sie sollen ihre Frauen mitbringen zur ersten Vorstellung. Er war der Meinung, diese Arbeit ist nicht zu machen, wenn die Familie das nicht mitträgt. Der eine war Fliesenleger. Als Fliesenleger war er einer der höchstbezahlten Handwerker. Herbert hat zu ihm gesagt: „Als Mitarbeiter der SPD wirst du erheblich weniger verdienen, und das muss deine Frau wissen." Seine Frau hat daraufhin gesagt: „Wir haben darüber gesprochen, und ich bin dennoch überzeugt, dass dies der richtige Weg ist." Es war nicht eine Berufsausübung, sondern es war eine Herzensangelegenheit.

Rolf Selzer: Es war für mich eine große Ehre, unter den Hundert ausgewählt zu werden und dort ein Jahr mitmachen zu dürfen. Ich stand damals vor der Entscheidung, ob ich meinen Beruf als Schriftsetzer weiter ausübe oder ob ich zur Zeitung gehe, als Journalist. Dann kam die Ausschreibung. Herbert hat mir ähnliches gesagt. Ich war damals noch nicht verheiratet. Er sagte: „Sag deiner Frau, wenn du das hier machst: Sowohl als Journalist als auch als Schriftsetzer würdest du eine Menge mehr verdienen und du hättest eine Menge mehr Freizeit." Es war einfach, ich wiederhole mich, eine große Ehre, zu den 25 Volontären zu gehören. Ich habe es auch nie bereut. So sehr man manchmal abends nach Hause gekommen ist und, verdammt noch mal, „du hast wieder einen Abend um die Ohren gehauen, hast dich nur gestritten mit den Leuten". Der größte Teil der Politik besteht ja darin, sich mit den Leuten auseinanderzusetzen. Garantiert hat man bei jeder Versammlung einen Stänkerer, der es einem geben will. Es war eine derart wichtige Lebenserfahrung, dass ich dem Parteivorstand, wenn ich es könnte, raten würde, so etwas ähnliches mal wieder zu tun. Vielleicht ist das ein Weg, über so eine Ausbildung etwas zu verändern.

Ich schweife jetzt etwas ab, aber vorige Woche habe ich in Kiel in einer Zeitung eine Ausschreibung für einen Parteigeschäftsführer der SPD gelesen. Da stand: Erwünscht ist „abgeschlossenes Hochschulstudium, möglichst Jura und einen guten Abschluss. Mein Gott, nun habe ich wirklich nichts gegen Juristen, schon gar nicht gegen Studenten, die das Handwerk studieren, aber ist das wirklich die Voraussetzung für einen Parteisekretär oder Geschäftsführer?

Greta Wehner: Diejenigen, die Politik studieren, meinen immer wieder, sie wissen was Politik ist. Ich habe immer wieder erlebt, dass sie im Grunde genommen von Politik keine Ahnung haben. Es ist etwas anderes, Menschen zu überzeugen, Menschen mitzuziehen, als lauter Theorie im Kopf zu haben.

Rolf Selzer: Greta bringt mich gerade auf ein Stichwort. Vielleicht kennzeichnet das auch Herberts Selbstverständnis. Herbert war nicht eitel. Aber ich habe mal so eine Mischung aus Eitelkeit und irgend etwas anderem bei ihm erlebt, und zwar in der Kieler Ostseehalle. Wir hatten dort eine Veranstaltung. Die Halle war brechend voll, damals 7000 Menschen. Alle wollten Herbert Wehner hören. Herbert, der zuständige Vorsitzende der Partei und ich saßen bei einem Vorgespräch zusammen. Der Vorsitzende sollte die Versammlung eröffnen, danach sollten die Kandidaten folgen, und am Ende Herbert. Dann meldete sich der Bürgermeister und sagte: „Ja und ich? Ich muss doch zu meinen Bürgern sprechen?" Herbert hörte sich das alles in fürchterlich verdächtiger Ruhe an. Bis der Bürgermeister meinte, er müsse nach Wehner sprechen. Da biss Herbert auf seine Pfeife und sagte. „Ich brauche vor mir keinen Doppelpunkt und hinter mir kein Komma. Ich bin das Ausrufezeichen." Dann war die Sache gelaufen. Herbert Wehner hat seine Rede gehalten und gleichzeitig gesagt: „...damit ist Schluss der Veranstaltung!" Das ist ein kleiner Einblick, wie Herbert sich selbst verstanden hat. Wobei, ich bin das Ausrufezeichen, habe ich nie wieder bei ihm gehört. Er war so wütend, dass da jeder noch mal kommen wollte, um ihn zu interpretieren. Das hat er nicht zugelassen.

Peter Müller: Wie lange waren Sie hauptberuflich in der Partei tätig?

Rolf Selzer: Ich war 12 Jahre Landesgeschäftsführer und 12 Jahre Abgeordneter in Schleswig-Holstein.

Peter Müller: Mir geht es um das Verhältnis von Apparat und Visionen. Was macht das Besondere an einer Persönlichkeit aus? Man ist ja einerseits in einen Parteiapparat eingeschmolzen und andererseits seinen Idealen verbunden, wie zum Beispiel Herbert Wehner. Irgendwie müssen sie etwas haben, was darüber hinausgeht. Das würde mich interessieren, wie Sie das sehen. Was damit zusammenhängt mit dem ganzen Apparat: Liegen darin nicht die großen Probleme, dass sich dieses verselbstständigt und dass es verrostet und dass das Hofschranzentum dadurch viel mehr gefördert wird, in dem man genau weiß, wie man sich durch die Institutionen bewegen muss, damit Leute, die etwas sperrig sind, einfach wegfallen? Ich denke, die SPD hat in den letzten Jahren darunter gelitten. Das ist mein persönlicher Eindruck.

Rolf Selzer: Also ich kann nur antworten, wie ich persönlich diese Rolle sehe und wie ich versucht habe, sie auszufüllen. Christoph Meyer hat am Beginn von meinen Erinnerungsbüchern gesprochen, die ich „Stiernackige Profilierte Dickschädel" nannte. Hinter diesen stiernackigen profilierten Dickschädeln verbargen sich Herbert Wehner und, in Sachsen vielleicht nicht so bekannt, Jochen Steffen, der Landesvorsitzende der SPD in Schleswig-Holstein. Er war der damalige Rebell der Sozialdemokratie mit Redeverbot im Parteivorstand, weil er ständig gegen den Strich gebürstet hat. Zu den Dickschädeln gehörte Günter Jansen, mit dem ich sehr befreundet bin, der bundesweit bekannt wurde durch die „Schubladenaffäre". Zu den Dickschädeln gehört Björn Engholm und eine Menge andere Politiker. Meine Rolle, die ich versucht habe zu spielen, war die des Dieners.

Ein Parteisekretär, der sich nach vorne spielt und der selber versucht Politik zu machen, der hat vielleicht in der SED seinen Platz gehabt, aber nicht in der SPD. Wer dies in der SPD macht oder in einer anderen demokratischen Partei, ist fehl am Platze, der hat dort nichts zu suchen. Wenn das nicht falsch verstanden wird: Der Parteisekretär, der Geschäftsführer, der Landesgeschäftsführer ist der erste Arbeiter der Partei, vielleicht auch der erste Beamte der Partei.
Jetzt komme ich wieder zu Herbert Wehner, der mit voller Absicht damals gesagt hat: „Parteisekretär ist der verkehrte Ausdruck. Es muss Geschäftsführer heißen." Ich stelle mir Herbert Wehners schelmisches Grinsen vor, wenn er wüsste, dass wir heute einen Generalsekretär haben, denn Herbert Wehner selber war ja der Generalsekretär der SPD damals, um den heutigen Begriff dafür zu verwenden. Ich kann mir gut vorstellen, mit welcher Häme und mit welchem Gift Herbert Wehner den Begriff „Generalsekretär" gegeißelt hätte. Er hätte gesagt: „Ihr sollt die Geschäfte der Partei führen und keine Schlacht."

Peter Müller: Ja, es ist wirklich schwierig, weil es eben dieses Wechselspiel ist. Vielleicht kann man da auch nicht in Parteien gehen. Man muss sich irgendwie einordnen, und dabei stellt sich die Frage, inwieweit man Persönlichkeit verliert, um in diesen Strukturen aufsteigen zu können.

Rolf Selzer: Also, wenn man nicht mehr mitmachen kann, muss man aufhören. Dann muss man sagen: So, das war's, ich kündige. Bis dahin muss man dabei sein, muss es mittragen können. Man muss die Politik einer Partei zu einem hohen Prozentsatz persönlich mittragen, um andere überzeugen zu können, ebenfalls zu der Politik zu stehen. Wenn das nicht mehr möglich ist, das ist keine Schande, dann muss man aufhören. Für mich war der Weg ein anderer. Ich habe mich so stark identifiziert, dass ich sogar in den Landtag gewählt wurde, und habe dann noch sehr viele Jahre kreativ mitarbeiten können. Auch heute stehe ich noch hinter der Politik meiner Partei, der ich 47 Jahre angehöre, aber der Grad der Identifikation ist nicht mehr so hoch wie er es war, als ich für die Partei gearbeitet habe oder als ich Abgeordneter war.

Christoph Meyer: Also, ich glaube, man muss da auch unterscheiden zwischen dem, was die Angestellten der Partei zu transportieren haben und was das Mitglied oder auch der Politiker machen kann. Angestellte haben selbstverständlich eine Loyalitätspflicht zum Arbeitgeber, aber auch dazu, dass der gesamte Verein läuft und dass er politisch funktioniert. Das ist etwas anderes, als wenn man ein Mitglied ist. Das muss man unterscheiden. Auch historisch muss unterschieden werden. Es waren andere Zeiten, und es gab ein anderes Ethos der Partei. Mir ist bei der vorletzten Ausgabe des Mitgliedermagazins „Vorwärts" mit dem Titelbild des neuen Parteivorsitzenden Matthias Platzeck ein Spruch aufgefallen. Da stand: „Die SPD muss erkennbar bleiben." Der Spruch ist richtig, aber das ist ein Angestelltenspruch, dass muss ein Geschäftsführer oder ein Sekretär der Partei formuliert haben. Ein Parteivorsitzender hat eine andere Aufgabe und das lässt mich wiederum fragen, wer formuliert eine solche Titelseite, wer macht die Schlagzeilen? Das werden die Hauptamtlichen gewesen sein. Was macht der Parteivorsitzende? Wer führt die Partei mit welchem Ethos, und was können die Mitglieder darauf bezogen machen? Ich glaube, wir haben im Moment das Problem, dass da eine Menge Ebenen durcheinander laufen.

Rolf Selzer: Ich glaube, es ist heute sogar so weit, dass wir Politik, die nach draußen sichtbar und hörbar wird, zu sehr Menschen überlassen, die mit Politik gar nichts zu tun haben. Ich spreche von Werbeagenturen. Ich habe mir das mal sagen lassen, wenn aus einer Geschäftsstelle der SPD in Schleswig-Holstein ein Rundschreiben rausgeht, dann geht das erstmal durch die Redaktion einer Agentur. Ich erinnere mich daran, wir haben nächtelang zusammen gesessen und haben uns die Köpfe darüber eingeschlagen, wie der nächste Slogan heißen könnte. Was können wir auf unsere Plakate drucken? Da haben wir nächtelang zusammen gesessen, haben sortiert, haben verworfen und wieder diskutiert etc. Heute gibst du einer Werbeagentur 100.000 € an die Hand, die machen dir den Slogan. Das Ergebnis sind Waschmittelsprüche, die dann die Wahlparolen der SPD werden.

Christoph Meyer: Aber hat Herbert Wehner damit nicht angefangen, zum Beispiel an Umfragen herangehen, schauen wie der Wähler denkt, Meinungsumfragen, Agenturen beschäftigen? Also vor Wehner war es Fritz Heine, der Propagandachef. Er hat die Wahlveranstaltungen eher aus dem Handgelenk organisiert, mit mäßigem Erfolg. Wehner hat das ja geändert.

Rolf Selzer: Wehner hat sich den Erkenntnissen der Meinungsforscher nicht verschlossen. Er hat uns immer davor gewarnt, davon auszugehen, dass das, was die Meinungsforscher jetzt sagen, unsere Politik ist. Wenn wir denen gefolgt wären, hätte es nie eine Ostpolitik Willy Brandts gegeben. Alle Meinungsforscher haben gesagt, es ist gegen die Mehrheit der Meinung der Nation. Wehner hat uns oft gesagt: „Ihr müsst die Bildzeitung lesen, damit ihr wisst, was das Volk denkt." Wenn mal einer gegen die Bildzeitung gemotzt hat, hat er uns angefrotzelt. Er hat gesagt: „Was denkt ihr denn, was die Leute denken? Das ist eine Abstimmung mit den Füßen, wenn Millionen jeden Tag die Bildzeitung lesen."

Herbert Wehner hatte im Bundestag eine „Rufschleuse", damit konnte er den Redner beleidigen, ohne dass der Präsident es hörte. Rainer Barzel hielt eine pathetische Rede. Wehner ruft dazwischen: „Schmierlappen, Ölpfanne, Sauhund etc." Dazwischen war Pause, und Schmitt-Vockenhausen sagte: „Du Herbert, also so kannst du nicht antworten. Ich habe dich gehört. Wenn du dich noch mal rührst, ich rufe dich zu Ordnung." Danach war wieder Sitzung. Das Schicksal nimmt seinen Lauf. Barzel kriegt wieder das Wort. Schmitt-Vockenhausen greift schon zum Glocke, weil er sieht wie Wehner anfängt zu rufen. Und Wehner ruft: „Sie Ehrenmann!!!" Das war die schlimmste Beleidigung aus Herbert Wehners Mund. Oder eine andere Anekdote: Im Bundestag gab es einen Abgeordneten namens Zühlcke (2). Die Sitzordnung im Bundestag war vorgegeben. In den vordersten Reihen saßen die Vorstandsmitglieder, die Pressesprecher. Die Hierarchie sitzt vorne. Danach wird alphabetisch geordnet und Genosse Zühlcke musste somit ganz hinten sitzen. Er wendet sich damit bei einer Fraktionssitzung an Wehner. Er sagt: „Also Herbert, ich finde das unmöglich, nur weil ich mit Z anfange, sitze ich jetzt da ganz hinten." Worauf Wehner sagte: „Genosse Zühlcke, nenn dich doch Arschloch, dann sitzt du auch in Reihe eins." Das ist alles wahr.

Christoph Meyer: Merkte man Herbert Wehner eigentlich an, dass er aus Sachsen kam?

Rolf Selzer: Also, ich habe das damals nicht so empfunden, aber man sagte, dass er eine sächsische Offenheit hatte. Wenn er mal so richtig schön wütend war, sächselte er auch kräftig. Da merkte man, dass er kein Bayer ist.

Greta Wehner: Ich habe es nicht gemerkt. Ich habe ja auch seinen Bruder gekannt. Der sächselte sehr stark. Bei Herbert habe ich es aber nie so empfunden. Nun muss ich dazu sagen: Ich habe ihn kennengelernt, als ich schon viele Jahre in Schweden lebte. Ich sprach schwedisch und hatte wenig mit deutschsprachigen Leuten zu tun.

Rolf Selzer: Ich muss die Frage erweitert beantworten. Es gab gemütliche Abende mit Herbert Wehner. Ich hatte manchen mit ihm, wo er voller Stolz und voller Heimweh von Sachsen und von Dresden sprach. Insofern muss ich das korrigieren. Von der Sprache her kaum, aber er war ein Sachse mit Leib und Seele.

Greta Wehner: Ihm blutete das Herz, nicht zu Hause sein zu können.

Rolf Selzer: Ich bin jetzt Jahrgang 1942, und in meiner Generation hat ja kaum jemand geglaubt, dass es jemals zu einer Vereinigung der beiden deutschen Staaten kommen wird. Es hat ja keiner dran geglaubt. Wenn in unserer Generation von Sozialdemokraten jemand Sachsen ins Bewusstsein rief, dann war es Herbert Wehner, sonst keiner. Er hing sehr an Sachsen. Er wurde sentimental, wenn er von Dresden und von Sachsen sprach.

Christoph Meyer: Kommen wir kurz noch einmal zu den Volontären zurück. Frauen waren gar nicht darunter?

Rolf Selzer: Doch, eine Frau. Sie ging in die Bildungsarbeit in Nordrhein-Westfalen. Einer der Kollegen war dann in China in der Botschaft. Er war dort Botschaftsattaché. Fast alle anderen wurden Unterbezirksgeschäftsführer. Ich wurde Landesgeschäftsführer und war zuständig für das gesamte Land. Die meisten unserer Volontärskollegen wurden Unterbezirkssekretäre.

Martin Schwan: Wir haben in Dresden über mehrere Jahre einen Mitgliederzuwachs. Dafür haben sie sich in den Landkreisen fast überall halbiert.

Rolf Selzer: Ich behaupte mal, man könnte eine flächendeckende Parteiorganisation im hauptberuflichen Bereich halten. Aber das hängt auch damit zusammen, dass man heute nicht weiß, was macht man mit seinem Geschäftsführer in 10 bis 12 Jahren? Wo bringen wir ihn unter, wenn es ein junger Mensch ist? Dann eben dieser verfluchte Anspruch: Es muss ein abgeschlossener Jurist sein, möglichst ein Einzeljurist, für einen Parteisekretär der SPD. Früher war der tüchtigste Betriebsrat, dem hat man eine Ehre angetan, wenn man ihn gefragt hat, willst du nicht Parteisekretär der SPD für ein paar Jahre machen? Das ist heute nicht mehr so. Das wird dazu beitragen, zumal in Zeiten der großen Koalition, dass die SPD schwächer wird, wenn dem nicht Einhalt geboten wird.

Christoph Meyer: Nun haben sie es aber auch schwer. Ich meine, die Idee in jedem Bundestagswahlkreis einen Hauptamtlichen zu beschäftigen, das muss ja irgendwo herkommen, dieses zu unterhalten. Die Gehälter sind hier schon nicht hoch. Wenn man die Mitglieder nicht hat, die die Beiträge zahlen, um das finanzieren zu können, und auch nicht die Wahlergebnisse, dann hat man natürlich Schwierigkeiten. Die Massenbasis in der Arbeiternehmerschaft gibt es ebenso nicht mehr.

Rolf Selzer: Das bedeutet nicht, dass der Parteisekretär heute nicht mit E-mail arbeiten soll. Er hat ja die Technik. Aber trotzdem hilft es sehr, wenn die Partei vor Ort von Leuten vertreten wird, die das Gefühl haben, die müssen wirklich die Partei vertreten.

Das ist bei der Partei ähnlich wie in der großen Politik: Geld ist eigentlich da. Vier Wochen vor der Wahl werden Millionen in Druckschriften, in Plakate, in Werbespots etc. ausgegeben. Statt dass man diese Millionen auf eine Million reduziert und die restlichen, die setzt man ein für Bildungsarbeit, für Informationsarbeit, für vernünftige Zeitungen. Es ist nur eine Frage, wie man es umgestaltet. Es ist machbar. Nur Lust hat keiner.

Christoph Meyer: Ein Herbert Wehner hatte es auch leicht. Er konnte Politik machen auf der Grundlage der Vollbeschäftigung. Er konnte einem angehenden Parteisekretär sagen, als Fliesenleger wirst du mehr verdienen. Heute musst du Landtagsabgeordneter werden, weil du sonst nichts mehr bekommst. Das ist ein riesiges Problem. Manche werden sonst nichts mehr. Die können gar nichts anderes machen. Das ist auch gefährlich, weil die Leute irgendwann nicht mehr abwählbar sind, wenn das Leben von diesem Posten abhängt.

Ich will an der Stelle abschließen. Politische Bildung und politische Bildungsarbeit haben ihre Bedeutung auch in so einer Geschichte. Auch wir vom Bildungswerk merken, dass wir nur ein Angebot schaffen, und hoffen, dass es entsprechend genutzt wird. Dass Leute dies aufgreifen. Ein bisschen sind wir vielleicht auch ein Teil des Problems, denn wir vermitteln häufig vorne Professionalisierung, und die politischen Inhalte sind ein Problem. Das ist die Frage der Nachfrage. So ist es nun einmal strukturiert. Ich erlebe häufig bei Veranstaltungen wie Rhetorikseminaren, wo man sich darstellen kann, die bekommen wir voll. Sobald ich anfange, inhaltliche Angebote zu machen, wird es schwierig. Und zwar nicht nur bei den Mitgliedern einer Partei, die wir auch ansprechen, sondern auch in der Öffentlichkeit.

Vielen Dank an Rolf, der den weiten Weg von Kiel nach Dresden gekommen ist, um uns diesen Abend zur Verfügung zu stehen. Ich fand es sehr interessant, von Herbert Wehner und der Art, wie damals politische und hauptamtliche Bildung gemacht wurde, zu erfahren.

(1) Dies kann so nicht zutreffen.Den Deutschlandplan hatten Wehner und die SPD schon 1960 zurückgezogen; der genannte Wahlkampf kann frühestens derjenige von 1965 gewesen sein. Im übrigen ist die Darstellung der Auseinandersetzung mit dem Journalisten Schlamm in groben Zügen zutreffend ChM.

(2) Ernst Zühlke (1895-1976) war von 1949 bis 1961 Mitglied der SPD-Fraktion im Deutschen Bundestag. Die besagte Anekdote wird in anderen Erzählungen sowohl bezogen auf den Abgeordneten Franz Josef Zebisch (1920-1988) als auch auf den Abgeordneten Hans-Jürgen Wischnewski (1922-2005) wiedergegeben.

Organisationspolitik als Zukunftschance
Helga Ziemann

Helga Ziemann, ehemalige Sachbearbeiterin und Referentin in der organisationspolitischen Abteilung des Parteivorstands der SPD
Gespräch im Herbert-Wehner-Bildungswerk in Dresden am 4. Mai 2006
Zugrunde liegendes Thesenpapier

Einleitung

Was ist Organisationspolitik? Was versteht man darunter, und warum nahm so eine politische Persönlichkeit wie Herbert Wehner die Aufgabe an, die Verantwortung für die Organisationder SPD zu übernehmen?

Den Grund nannte Herbert Wehner selbst: „Organisationsprobleme, politisch verstanden und dargestellt gehören zu den Kernproblemen des Ringens um den sozialen Charakter unseres demokratischen Staates, des politischen Kampfes um die Anwendung der Macht im Staate für die Demokratisierung unserer Gesellschaftsordnung."

Die SPD als die älteste der demokratischen Parteien hatte bereits auf ihrem Parteitag in Eisenach die Bedeutung der Organisation erkannt und beschlossen „(...) gibt sich die Sozialdemokratische Arbeiterpartei eine einheitliche Organisation, welche es aber auch jedem einzelnen ermöglicht, seinen Einfluß für das Wohl der Gesamtheit geltend zu machen (...)". Das ist faszinierend: Eine Organisation, die es jedem (in der Arbeiterklasse) ermöglichen soll, zum Wohle des Ganzen seinen Einfluss geltend zu machen! Nun sind wir heute nicht mehr so eine Klassengesellschaft wie damals. Die Lebensgewohnheiten sind anders, aber es heißt doch im Klartext, dass jedes Mitglied oder jeder Sympathisant der SPD die Möglichkeiten der Einwirkung und der Mitwirkung „auf das Ganze" haben soll. Das zu organisieren ist keine leichte Aufgabe. Aber das ist Organisationspolitik.

Zu Zeiten Friedrich Eberts hatte die SPD bereits 1 Million Mitglieder und war in vielen Freizeitorganisationen – sogenannten Vorfeldorganisationen – verankert, wie z.B. im ASB, Falken, Schrebergartenvereinen, AWO u.a. Selbstverständlich war die Verbindung und gleichzeitige Mitgliedschaft in der SPD und einer Gewerkschaft. Das war wie eine große Familie, eine organisierte sozialdemokratische Gegenwelt zur bürgerlichen Gesellschaft. Bei der Organisation von Wahlkämpfen oder Veranstaltungen wussten die Verantwortlichen, wer dort organisiert war oder da wohnte, der war Sozialdemokrat.

Die Lebensform hatte natürlich auch einen ganz entscheidenden Nachteil: man blieb immer unter sich. Durch die Abschottung in die eigene Gesellschaftsklasse wurden oft die Anzeichen der nationalen konservativen Entwicklung nicht rechtzeitig wahrgenommen. Auch deshalb plädierte in der Nachkriegszeit Herbert Wehner immer wieder dafür, dass Sozialdemokraten in der gesamten Bevölkerung verankert sein sollten.

„Geht in die Vereine, in die Kirche, dorthin, wo die Menschen sind", war die Aufforderung von Herbert Wehner: „Ein Sozialdemokrat, der einen Vorstandsposten in einem Sportverein, im Mieterbund oder bei der Feuerwehr hat, kann oft mehr Politik für uns machen, als wenn er nur im Ortsvereinsvorstand oder Gemeinderat sitzt. Nur darf man dann auch keine Vorwürfe machen, wenn er nicht bei jeder Vorstandssitzung und bei jedem Kungelkreis dabei sein kann. Vielmehr sollte die Partei diese Kontakte und die Erfahrungen nutzen."

Konzepte des Parteivorstandes

Was aber kann ein stellvertretender Vorsitzender, dem die Organisation zu leiten aufgegeben war, von der Zentrale aus leisten?

Herbert Wehner war bis zur Installierung des ersten Bundesgeschäftsführers (Hans-Jürgen Wischnewski) im Parteivorstand (PV) der Hauptverantwortliche für die Organisation auf allen Ebenen, vom Erich-Ollenhauer-Haus (EOH) bis zum Ortsverein. Wie gewichtig diese Position war, kann man daraus ersehen, dass es Mitte der sechziger Jahre nur zwei Abteilungen neben der Pressestelle und den Vorstandsbüros im EOH gab: Finanzen/Personal und Organisation/Öffentlichkeitsarbeit. Herbert Wehner und Alfred Nau waren die Vertreter dieser Abteilungen im PV. Der Abteilungsleiter Organisation war gleichzeitig Persönlicher Referent von Herbert Wehner. Die Parteiorganisation, die Arbeitsgemeinschaften und die Öffentlichkeitsarbeit lagen in einer Hand. Das erleichterte z.B. die Informationspolitik bei der Bildung der „Großen Koalition", wobei Herbert Wehner sowohl die Funktionäre der Partei als auch die Journalisten informierte.

1960 auf dem Parteitag in Hannover gab Herbert Wehner einen Arbeitsbericht Organisation. Es ging um den kommenden Wahlkampf. Zitat: „Das eigentliche Organisationsproblem ..ist, die Mitglieder der Partei und alle örtlichen Organisationen der Partei in den Stand zu setzen und anzuregen, sozialdemokratische Öffentlichkeitsarbeit in breitestem Maße zu leisten" – und weiter: Mitgliederwerbung dürfe nicht zum Selbstzweck werden.

„Entscheidend ist, dass und wie das Interesse jedes Mitglieds geweckt werden kann und wie die in jedem Mitglied ruhenden Fähigkeiten lebendig und sinnvoll zur Geltung gebracht werden können. Es kommt nicht etwa darauf an, von jedem Mitglied die Erfüllung eines bestimmten „Solls" an Versammlungsbesuchen oder routinemäßigen Aktivitäten zu verlangen oder zu erwarten (...) Wichtig ist, jedem Mitglied die Gewissheit zu verschaffen, dass es in unserer Partei gerade wegen seiner Eigenarten, wegen seiner persönlichen Beziehungen im Wohnbereich oder im Berufsleben, in der Vereins- oder in der sonstigen gesellschaftlichen Tätigkeit geschätzt und gebraucht wird."

Ab 1966 war die SPD an der Regierung beteiligt, und das erforderte ein Umdenken in der Informationsarbeit. Es gab keine PCs oder virtuellen Ortsvereine, sondern Faltblätter, Broschüren mit Informationen über die Politik der Regierung. Um die Basis möglichst schnell argumentationsfähig zu machen, wurde im EOH oft auch nachts gearbeitet. Der „Sopade-Rednerdienst", „Tatsachen-Argumente" die „bonner depesche" waren die Medien. – die sozialdemokratische Öffentlichkeitsarbeit.

Ein Medium, das Herbert Wehner als Forum für Diskussionen auch über Organisationspolitik nutzte, war „Die Neue Gesellschaft", heute NG/FH. Er war der Chefredakteur, schrieb oft selbst und veröffentlichte Diskussionsbeiträge zur Organisationspolitik. So z.B. im September 1975, als die Partei den „Orientierungsrahmen für die Jahre 1975-1985" diskutierte und auf dem Mannheimer Parteitag beschloß. 1000 Anträge lagen dazu vor. Herbert Wehner wies in der NG auf die Kernsätze hin:

„Die Entwicklung einer politischen Strategie ist von der Vertrauensarbeit der Partei abhängig. Wer politische Ziele festlegen will, muß wissen, wie die Dinge sind und was die Menschen wollen."

Er schreibt: Das sind Kernsätze. Sie werden unterstrichen durch die Erfahrungssätze, dass „Ziele weder idealistisch-abstrakt noch in einer von den Menschen losgelösten normativautoritären Weise festgelegt werden" können. „Ebenso wenig kann die Zielsetzung der Partei jedoch aus einer unverarbeiteten Addition spontaner Basisforderungen gewonnen werden." Deshalb: „In den erforderlichen vielfältigen Vermittlungs- und Diskussionsprozessen auf allen Ebenen der Parteiorganisation liegt die wichtigste und zugleich die schwierigste Funktion, die von der Partei zu erfüllen ist."

Es gab eine Reihe von Ortsvereinskonferenzen mit dem Vorsitzenden (Willy Brandt), es wurden daraufhin Handbücher zur Parteiarbeit entwickelt und herausgegeben. Dieser Satz von Herbert Wehner könnte heute aktuell sein: „Es ist das organisatorische Problem, zu ergründen, was die Menschen bewegt, dass und wie ihre Fragen von uns beantwortet werden, und so Politik umzusetzen in Debatte, Diskussion und in millionenfache Vertrauensbeweise bei Abstimmungen und Wahlen (...) Das setzt voraus, dass Sozialdemokraten keiner Frage ausweichen, sondern erklären, warum es so ist, wie es sich darstellt und wie Schritt auf Schritt vorangegangen werden kann und muss."

„Die ‚Geschlossenheit der Partei im Auftreten nach außen' – wie sie in diesen drei Sätzen des Abschnitts ‚Die Vertrauensarbeit der Partei' begründet und gefordert wird – lässt sich weder kommandieren noch schaustellerisch herbeiführen. Sie erfordert die Einsicht der Mehrheit der Sozialdemokraten in die tatsächliche Lage, die Kräfteverhältnisse und die politischen Bewegungsmöglichkeiten (...) Vertrauensarbeit heißt auch, die Menschen mit Tatsachen vertraut zu machen, die sie bisher verzerrt oder nicht mehr in ihrem Bewußtsein hatten (...) Vertrauen erwerben bedeutet auch, Zusammenhänge deutlich zu machen und an ihnen zu zeigen, wer politisch zuverlässig geblieben ist (...)"

Kommunikation und Politik

In der NG 11/79 erschienen ein Artikel gemeinsam mit Olaf Sund zum Thema Kommunikation und Politik und weitere 11 Artikel von Genossen aus unterschiedlichen Funktionen dazu. Darin wird kritisiert, dass der Orientierungsrahmen 85 wohl nur als Diskussionsperiode behandelt worden sei und nicht als Grundlage und Orientierung für weitere Entwicklungen. Dem wollten beide – besonders zum Stichwort „Vertrauensarbeit der Partei" wieder einen neuen Impuls geben. Beide befürchteten, dass die SPD Gefahr laufe, ein wichtiges Kapital – nämlich ihre Leistungen in der Regierung – zu verschenken: „Aber vielleicht lohnt es sich doch, anstelle einer mühselig seminaristischen Debatte über Vertrauensarbeit, Vertrauensarbeit einfach zu praktizieren, und zwar nach Grundsätzen, die im Kern niemand bestreitet."

Weiter geht es um Entscheidungen und wie sie herbeigeführt werden. „In Teilen der SPD haben sich Diskussionskreise, Freundeskreise und ähnliche mehr oder weniger verfestigte Zirkel gebildet, in denen es um Sach-, in erster Linie aber um Personalfragen geht. Hier fallen dann häufig Entscheidungen. Diese Verlagerung ist nachteilig für die Partei, weil dadurch die von der Satzung für die jeweiligen Fragen vorgesehenen Entscheidungsgremien in ihrer Substanz ausgehöhlt werden (...) Verheerend ist zudem die Wirkung auf die Öffentlichkeit. Ihr drängt sich nämlich der Eindruck auf, als nehme sich die Partei nicht ihrer Probleme an, sondern sie sei lediglich eine Schiene, auf der Postenambitionen verwirklicht werden."

Zur ‚Arbeit nach außen' schrieben Sund und Wehner: „Es muss wieder mehr Sozialdemokraten geben, die – fachlich wohl informiert und aufgeschlossen gegenüber dem, was die Mitbürger bewegt – mit ihnen diskutieren, sich ihnen einsichtig machen und sich ihrer als Verbündete vergewissern können. Kinder- und Straßenfeste – so gut sie auch immer sein mögen – ersetzen keine Glaubwürdigkeit. Sozialdemokraten müssen durch die Vorbildlichkeit ihrer Haltung überzeugen. Sie müssen Ansprechpartner sein, sich um den einzelnen kümmern!"

Weiter werden die Funktionäre ermahnt, keine falschen Fronten aufzubauen. „Die Linie der Auseinandersetzung hat vorrangig zwischen den Sozialdemokraten und ihren politischen Gegnern zu verlaufen und nicht zwischen der Partei auf der einen und ihren Regierungsmitgliedern auf der anderen Seite oder gar zwischen verschiedenen Gruppen innerhalb der Partei."

Zur aktuellen Politik – damals sozialliberal: „Kompromisse zu schließen, heißt nicht, Grundsätze preiszugeben (...) Viele Sozialdemokraten wären gut beraten, mehr als bisher Erfolge sozialdemokratischer Politik hervorzuheben, anstatt immer nur auf das abzustellen, was noch nicht verwirklicht werden konnte."

„Bürgernähe heißt nicht Kleinkariertheit (...) Um Sympathie und Vertrauen zu gewinnen, ist es immer wieder erforderlich, den Menschen die Bedeutung einzelner Schritte – seien sie auch klein – für den Gesamtrahmen klar zu machen, in dem sie zu sehen sind." Und zum Schluß: „Politische Inhalte sind wichtiger als organisatorische Schritte".

1979 diskutierten Parteirat, Parteivorstand und Kontrollkommission über zwei Anträge von den organisationspolitisch wichtigsten und am besten strukturierten Bezirken, Franken und Niederrhein um die Konsequenzen daraus. Eine Neuorientierung in der Basisarbeit und mehr Bürgernähe vor Ort wurden gefordert. Wer kann und sollte das leisten? Natürlich in erster Linie der Ortsverein.

Auf den Ortsverein kommt es an

Bereits 1966 hatte es in Bad Godesberg eine Organisationspolitische Konferenz zur „Rolle des Ortsvereins heute" unter Leitung von Herbert Wehner gegeben. Eingeladen waren Haupt- und Ehrenamtliche, die getrennt nach Stadtstaaten- und Großstadtorganisationen und ländlichen Organisationen diskutierten. Die Vorschläge zur Verbesserung der Organisationsarbeit hören sich selbstverständlich an, waren damals aber neu, so z.B. für die Stadtorganisation einen Jahresplan aufzustellen, um monatliche Themen- und Referentenabende zu veranstalten, Forumsdiskussionen, Frage- und Antwortabende (Fraktion), Sprechstunden der Abgeordneten, Arbeitskreise für Kontakte zu Verbänden, Kirchen, Innungen, Bürgervereinen (Gewerkschaften war noch selbstverständlich). Neu und ungewohnt waren auch Infostände, und es wurde hervorgehoben, dass man zu den Bürgern gehen müsse (mit Kandidaten) und nicht warten dürfe, bis sie zur Partei kommen. Neu war z.B. den neuen Mitgliedern die Bücher und Infos persönlich zu überreichen, Hausbesuche auch zwischen den Wahlkämpfen in regelmäßigen Abständen usw. „Unsere Mandatsträger, auch die kommunalen Vertreter, sollten sich immer wieder um Betriebsbesuche und Gespräche mit Betriebsräten besonders über Verkehrs- und Wohnungsprobleme auch zwischen den Wahlen bemühen und dafür zur Verfügung stellen."

„Es sollte nicht so sein, dass ein Mitglied, das Vorsitzender eines Sportvereins ist, nur als Mitglied unserer Partei betrachtet wird. Vielmehr sollte er als Funktionär anerkannt werden, der eine bestimmte und besondere Aufgabe erfüllt."

Die Mitarbeit in Bürgervereinen wurde kontrovers diskutiert. Dazu die Empfehlung, in andere Organisationen und gesellschaftliche Gruppen hineinzuwirken. „Man kann das auch immer wieder steuern und dabei Genossen in verantwortliche Funktionen bringen und dort absichern."

Bei der ländlichen Arbeitsgruppe wurde besonders erwähnt, dass der oder die

Ortsvereinsvorsitzende eine Persönlichkeit sein solle, mit deren Hilfe der Ortsverein „in alle gesellschaftlichen Gruppen hineinwirken soll". Kleinere Ortsvereine sollten gemeinsame Veranstaltungen mit benachbarten Ortsvereinen zu politischen Themen durchführen sowie Bürgerversammlungen und Gespräche mit Bürgern zu konkreten lokalen Themen. Hausbesuche anstelle von Hauskassierungen würden wieder Vertrauen schaffen. Wie ein roter Faden ziehen sich die Forderungen nach Gesprächen mit den Bürgern, nach Beteiligungsmöglichkeiten und Öffnung der Partei durch die Diskussionen und Papiere. Unter Hinweis auf die oben genannte Ortsvereine-Konferenz schrieb Herbert Wehner 1981 im Mitgliedermagazin einen wegweisenden Artikel, der noch lange nachwirken sollte „Auf die Ortsvereine kommt es an". In monatelanger Vorarbeit waren Ortsvereine befragt, analysiert und Lösungsvorschläge diskutiert worden. Es war eine gemeinsame Anstrengung der Kommissionsmitglieder für Organisationspolitik und der MitarbeiterInnen im EOH.

„Die Mitgliederpartei SPD bedarf der politischen Aktivität der Ortsvereine, und das Schwergewicht der lebens- und entwicklungsnotwendigen politischen Schritte der SPD ist abhängig a) von der Teilnahme der Ortsvereine an der Willensbildung der Sozialdemokraten, b) von der ständigen Begleitung der parlamentarischen Bemühungen der SPD in den Gemeinden, den Bundesländern und im Bundesparlament."

„Am wichtigsten ist es, das parteiinterne Leben zu aktivieren und so attraktiv wie möglich zu gestalten, dass die Mitglieder eine politische Heimat finden. Es kommt darauf an, das Wir-Gefühl zu stärken, denn Zusammenhalt und Solidarität machen stark – auch wenn einem zeitweilig der politische Wind ins Gesicht bläst."

Neue Freizeitgewohnheiten, veränderte Arbeitsplatzorganisationen, neue Kommunikationsgewohnheiten waren für die Parteiarbeit zu berücksichtigen. Die „Ideenbörse" war installiert, in der erstmals Ortsvereine gelungene Erfahrungen weitergeben konnten. Diese wurden im Mitgliedermagazin veröffentlicht. Konkrete Vorschläge für die praktische Arbeit vor Ort finden sich darin, vor allem: „(...) darf die Partei nicht warten, bis die Bürger zu ihr kommen; sie muss auf die Bürger zugehen (...) Hilfestellung für die Bürger!"

Konsequenzen dieses Artikels waren dann die Ausstellung „Lebendiger Ortsverein" und der Wettbewerb zur besten Organisationsarbeit auf dem Parteitag 1982 in München unter Leitung von Hans-Jochen Vogel.

Einen erheblichen Platz nahmen in dem Artikel auch die Arbeitsgemeinschaften ein. Die Partei drohte zu zerfleddern. Dazu Herbert Wehner: „Wir dürfen die Diskussion wichtiger Themen nicht nur auf die Ebene ‚zuständiger' Arbeitsgemeinschaften beschränken. Die Arbeitsgemeinschaften sind eine Art von

,Fühlern', die der Gesamtpartei Kenntnisse vermitteln und die jeweils notwendigen Anregungen möglich machen." Schließlich: „Die SPD darf – wenn sie ihrer Geschichte und ihrer Bedeutung im Volk entsprechen will – weder die Grundlagen und Grundpfeiler der Parteiorganisation noch die Fühler und Verbindungsorgane in den Volksschichten und ihren Organisationsbereichen vernachlässigen."

Betriebsgruppen – AfA

Neben der Stärkung der Ortsvereine legte Herbert Wehner außerdem großen Wert auf die Verankerung der Partei in den Betrieben. Die Arbeitsgemeinschaft für Arbeitnehmerfragen (AfA) unterstützte er von Anfang an besonders; die Betriebsgruppen hatten die Aufgabe, die Arbeitnehmer direkt dort anzusprechen, wo sie ihre meiste Zeit verbrachten. Mancher Ortsverein im Ruhrgebiet wurde von den Betriebsgruppen massiv unterstützt. Sie machten Wahlkampfveranstaltungen des Bundeskanzlers zu mächtigen Demonstrationen für die SPD.

Durch die Veränderung der Arbeitswelt und der Mitgliederstruktur verlagerten sich die Betriebsgruppen immer mehr in Dienststellen des öffentlichen Dienstes. 1982 fasste das Präsidium deshalb einen Beschluss mit dem Titel: Betriebsarbeit in der Parteiarbeit. „Die Ortsvereine bleiben Mittelpunkt und Kern sozialdemokratischer Parteiarbeit. Aber die SPD kann nicht nur ,Feierabend-Partei' sein. Für die politisch aktiven sozialdemokratischen Arbeitnehmer beginnt die Vertrauensarbeit schon mit der Frühschicht."

Information der Arbeitnehmer, politische Bildungsarbeit, Beteiligung der Arbeitnehmer an der politischen Willensbildung in Zusammenarbeit mit den Gewerkschaften waren die Aufgaben. Dafür sollten Sozialdemokraten, die das leisteten, „besseren Zugang zu politischen Entscheidungskörpern und zur Mandatausübung" erhalten.

Die Parteisekretäre

Mit wem hat Herbert Wehner die Umsetzung all dieser Vorschläge praktiziert? Wer waren seine Unterstützer?

In erster Linie die Parteisekretäre – wie man damals die Geschäftsführer der Partei nannte. Parteisekretäre waren politische Organisatoren, d.h. sie machten Personalentwicklung und motivierten die Ehrenamtlichen, sich für die SPD zu engagieren. Sie waren das Scharnier zwischen Regierenden, Mandatsträgern und Ehrenamtlichen. Dazu wurden sie von Herbert Wehner immer gesondert informiert, ernst genommen und akzeptiert. Das persönliche Verhältnis – und wenn es nur eine Geburtstagskarte oder ein Weihnachtsgruß von der Familie Wehner waren – motivierten die Parteisekretäre sehr. Wehner hatte aber auch so seine Fühler in die Partei.

Die Organisationspolitische Kommission bestand überwiegend aus Hauptamtlichen, Landes- und Bezirksgeschäftsführern. Die Sitzung der Leitenden war quasi etwas Offizielles mit Bundesgeschäftsführer und manchmal Vorsitzendem. Tacheles über den Zustand der Partei wurde in der Organisationspolitischen Kommission gesprochen. Hier konnten die Geschäftsführer ihre Sorgen aus der Praxis offen ansprechen. Herbert Wehner hörte zu und diskutierte darüber, wenn es keine Lappalien waren. Aber die Geschäftsführer waren nicht nur Verwalter oder Projektmanager. Es ging auch schon mal heftig zu. Wichtig war aber, dass die Geschäftsführer ernst genommen wurden von der Parteiführung.

Dem dienten auch die Seminare, zu denen vier- bis fünfmal im Jahr Ausgewählte nach Bergneustadt geschickt wurden. Später fanden Seminare z.B. zur Auseinandersetzung mit der SED oder zur Wirtschaftspolitik statt. Höhepunkt der Seminare war immer der Bericht von Herbert Wehner zur politischen Lage. Nachher wusste man eben Bescheid, warum die Politik der SPD so gelaufen war und so ist und nicht anders. Er nahm sich Zeit und blieb oft abends noch in gemütlicher Runde. Bildungsarbeit war bei Herbert Wehner Befähigung zum politischen Arbeiten. Die Konfliktsituation zwischen Haupt- und Ehrenamtlichen spielte auch damals schon eine Rolle. Herbert Wehner warnte davor im Berufsbild für Geschäftsführer 1974:

„Er muss Versuchungen widerstehen, sich an die Stelle der gewählten Vorstände manövrieren zu wollen oder zu lassen." Die Arbeitsbedingungen sind überall anders, aber eines gilt überall: „Das Berufsbild des Geschäftsführers in der SPD bedarf des Hintergrunds der Menschen, denen er anvertraut ist und denen er sich anvertraut. Sie sind aufeinander angewiesen in heiteren wie in schweren Tagen, bei schönem wie bei schlechtem Wetter."

Wichtige Voraussetzungen für alle Hauptamtlichen sind:
- Verankerung in der Bevölkerung
- Kenntnis der Region
- Beherrschung von Organisationstechniken
- Fähigkeit, vermitteln zu können
- Beharrlichkeit in der Arbeit
- Und privat ein fester Rückhalt.

Zusammenfassung

Politik organisieren heißt:
- sie den Funktionsträgern nachvollziehbar zu machen,
- so dass Identifikation möglich ist,
- Politik für alle verständlich rüberzubringen
- politische Entscheidungsprozesse auch in die Bevölkerung zu tragen und damit Beteiligung zu organisieren (lt. GG, Art. 21 und Parteiengesetz).

Dazu Herbert Wehner 1975 in der NG 9/75:

„Die deutsche Politik bedarf auf lange Sicht der sich ihrer Vertrauenswürdigkeit bewußten und dieses Vertrauen nicht enttäuschenden SPD. Was organisatorisch zu tun möglich ist, um die Vertrauensarbeit als aktive und organisierte Orientierungshilfe für die Mitbürgerinnen und Mitbürger wirkungsvoll zu entfalten, lohnt jede Mühe der verantwortlichen Vertrauensleute."

Der Beweis der Regierungstauglichkeit

Peter Struck

Dr. Peter Struck, Vorsitzender der SPD-Bundestagsfraktion
Ansprache zur Feierstunde der SPD und der SPD-Bundestagsfraktion
im Willy-Brandt-Haus in Berlin am 29. Juni 2006

Liebe Greta, meine Damen und Herren, liebe Genossinnen und Genossen,

es ist schön, dass ihr gekommen seid, eines großen, eines der größten Sozialdemokraten des 20. Jahrhunderts zu gedenken und ihn zu ehren. Herbert Wehners 100. Geburtstag gibt vielfältigen Anlass, um das Wirken dieses Mannes zu beleuchten. Ich freue mich besonders, dass es in Herberts geliebter Heimatstadt Dresden mit dem Herbert-Wehner-Bildungswerk einen Kreis gibt, der sich unermüdlich für die Erinnerung an sein Schaffen müht. Greta, das ist vor allem dein Verdienst. Du trägst mit dem Bildungswerk dazu bei, dass auch die Jüngeren verstehen, was Herbert die SPD bedeutet hat. Sie war für ihn weit mehr als Partei, sie war Heimat für ihn. Und sein ganzes Trachten war darauf gerichtet, sie möglichst vielen einfachen Leuten ebenfalls zur Heimat zu machen.

Herbert Wehner war ein großer Politiker, weil er immer die kleinen Leute, wie er sagte, im Blick hatte. Ihnen galt seine Liebe und seine Fürsorge. Das Bewußtsein, diesen kleinen Leuten im Dresden der Weimarer Republik zu einem menschenwürdigen Leben verhelfen zu müssen, trieb ihn in die Politik. Und dieser Antrieb hat ihn nie los gelassen. Wenn er auf das Wesentliche von Politik zu sprechen kam, verlor er sich nicht ins Abstrakte oder Visionäre, sondern hatte als Standardantwort: „Das Entscheidende ist, den Menschen zu helfen".

Im Nachkriegsdeutschland, in den langen Jahren der Adenauer-Ära, war Wehner klar, dass sich das „Helfen wollen" zu einem effizienten „Helfen können" nicht mit einem Abonnement auf Opposition verwirklichen ließe. Helmut Schmidt hat als das wesentliche Verdienst Herbert Wehners immer wieder genannt, dass er unsere Partei in den späten fünfziger und frühen sechziger Jahren auf Regierungsfähigkeit getrimmt hat.

Ich möchte meinem Lehrmeister und Förderer Hans-Jochen Vogel nicht vorgreifen und möchte in die wissenschaftliche Betrachtung Hartmut Soells nicht eingreifen, aber ich denke, die Rede Herbert Wehners zum Bekenntnis der SPD zur Westbindung am 30. Juni 1960 war dafür ein entscheidender Schritt. Wir haben für diese Veranstaltung zu Ehren Herbert Wehners bewusst den Vorabend dieses 30. Junis gewählt, um damit eine der wichtigsten sozialdemokratischen Kursbestimmungen im Nachkriegsdeutschland zu beleuchten.

In einer Deutlichkeit wie nie zuvor hat Wehner in dieser Rede jeden Zweifel an der festen Einbettung der Sozialdemokratie in das europäische und atlantische Vertragssystem ausgeräumt. Wie entscheidend das war auch für Herbert Wehners innigsten Wunsch nach einem wieder vereinten Deutschland, wissen wir heute. Denn nicht zuletzt hat die NATO, mit einer in ihr eingebetteten Bundeswehr, einen entscheidenden Rahmen zur Auflösung des Warschauer Paktes gebildet.

Ich glaube, selbst in seinen kühnsten Träumen hätte sich Herbert Wehner damals nicht vorstellen können, dass die Feinde von gestern heute Partner und Freunde in diesem Bündnis sind. Aber nicht nur aussenpolitisch war diese Rede von enormer Wirkung. Wenigstens genauso sehr leitete sie mit Wehners Schlusspassage eine innenpolitische Klimaveränderung ein. „Das geteilte Deutschland" so Wehner, „ kann nicht unheilbar miteinander verfeindete christliche Demokraten und Sozialdemokraten ertragen". Seine Rede war ein wichtiger Impuls für die Gesprächsbereitschaft der beiden Volksparteien miteinander. Sie war das Saatkorn für die erste große Koalition, die der Sozialdemokratie sechs Jahre später den Beweis ihrer Regierungstauglichkeit eröffnete.

Den Beweis der Regierungstauglichkeit braucht die SPD heute nicht mehr anzutreten. Die Regierungen von Willy Brandt, Helmut Schmidt und Gerhard Schröder haben diese Fähigkeit eindrucksvoll unterstrichen.

Die Chance der jetzigen Koalition aus rot und schwarz liegt darin, dass beide Volksparteien nach fast vierzigjähriger Gegnerschaft mal wieder mehr als nur Gesprächsbereitschaft üben müssen. Ich bin weit davon entfernt, die große Koalition als wünschenswert anzusehen. Sie kann und darf nicht der Normalfall der Demokratie sein. Aber sie kann den Volksparteien die Gelegenheit geben, nicht im bloßen Gegeneinander, sondern im regierungsamtlichen Miteinander Positionen zu überprüfen, zu hinterfragen, inne zu halten, statt reflexhaft drauf zu schlagen.

Herbert Wehner würde auch diese Koalition prüfen mit der Frage: Hat sie den Menschen geholfen? Und das muss die Richtschnur unseres Handelns sein.

Liebe Genossinnen und Genossen, jeder, der in der Nachfolge Herbert Wehners das Amt des Fraktionsvorsitzenden inne hat, steht in der Gefahr, mit ihm verglichen oder gar an ihm gemessen zu werden. Bei diesem Vergleich müssen alle Nachfolger wenigstens an einem Punkt unterliegen. Die Autorität, die Herbert Wehner aus den Narben seines politischen Lebens erwachsen war, ist unerreichbar. In dieser Einschätzung bin ich uneingeschränkt der Meinung von Hans-Jochen Vogel.

Der Ruf Herberts als Zuchtmeister der Fraktion ist ebenso legendär wie unerreichbar. Hinzufügen freilich muss ich, dass dieser Führungsstil auf Wehner und seine Zeit zugeschnitten war. Am Vorabend einer wichtigen Abstimmung im Bundestag ist für mich klar, mit der Peitsche lässt sich eine Fraktion nicht mehr antreiben. Es hilft nur Überzeugungsarbeit und die ist nicht immer einfach zu leisten. Insofern denkt man als Fraktionsvorsitzender manchmal etwas wehmütig an Herbert Wehners Zeiten zurück.

Mit unerschütterlicher Beharrlichkeit

Hans-Jochen Vogel

Dr. Hans-Jochen Vogel, ehemaliger Vorsitzender der SPD und der SPD-Bundestagsfraktion
Rede zur Feierstunde der SPD und der SPD-Bundestagsfraktion im Willy-Brandt-Haus in Berlin am 29. Juni 2006

Herbert Wehner hat wie wenige seiner Generation die Geschichte unseres Volkes im letzten Jahrhundert durchlebt, durchlitten und schließlich mitgestaltet. Fast alles, was einem politisch bewußten Menschen in dieser Zeit an Herausforderungen begegnen konnte, ist ihm begegnet: Die Faszination des frühen Kommunismus, der Kampf gegen den Nationalsozialismus vor und nach der Machtübernahme, das Moskauer Exil zur Zeit der brutalen Stalin'schen Säuberung, der Bruch mit dem Kommunismus – er selber sprach von dem Bruch „Mit dem Gott, der keiner war" –, die deutsche und europäische Katastrophe als Folge der NS-Gewaltherrschaft, der Beitritt zur deutschen Sozialdemokratie und endlich der unermüdliche Einsatz für Menschlichkeit, Gerechtigkeit und Frieden, der ihn zu einer der großen politischen Gestalten der alten Bundesrepublik werden ließ.

Ja – der frühe Kommunismus hat Herbert Wehner fasziniert. Geprägt durch seine Jugend als Sohn einer Arbeiterfamilie hat er den Widerspruch zwischen kulturellem und gesellschaftlichem Reichtum auf der einen und mangelnden Rechten und Chancen zur Teilhabe auf der anderen Seite am eigenen Leib drastisch verspürt. Dies und sein verletztes Gerechtigkeitsempfinden führte zu einer Radikalisierung seiner politischen Ansichten mit der Folge, daß ihm die Mitwirkung in der sozialistischen Arbeiterjugend und die zeitweise Zusammenarbeit mit Erich Mühsam bald nicht mehr genügte und er 1927 – also mit noch nicht ganz 21 Jahren – der KPD beitrat. Beseelt von dem Glauben, die Befreiung der Unterdrückten, die Gerechtigkeit und der Friede ließen sich nur auf dem vom Kommunismus als gesetzmäßig und deshalb als zwangsläufig beschriebenen Wege ein für allemal verwirklichen, übernahm er in der KPD zunächst in Sachsen und dann in der Zentrale in Berlin Funktionen, die er mit all seiner Kraft ausfüllte.

Gegen den Nationalsozialismus kämpfte er als Kommunist schon vor 1933. Danach setzte er den Kampf im Untergrund und von außen her fort. 1937 wurde er nach Moskau beordert und lebte dort in der Zeit der Stalin'schen Säuberungen im Hotel Lux unter Bedingungen, die wir Heutigen uns kaum mehr vorstellen können. 1941 mit dem Auftrag nach Stockholm entsandt, in Deutschland von neuem Untergrundstrukturen der KPD aufzubauen, verurteilten ihn schwedische Gerichte alsbald wegen angeblicher Spionage für eine fremde Macht zu einem Jahr Zuchthaus und zu Zwangsarbeit. Daran schloß sich eine Internierung bis Juli 1944 an. In dieser Zeit verfaßte Herbert Wehner noch im Gefängnis eine Aufzeichnung, die er mit den Worten „Selbstbesinnung und Selbstkritik" überschrieb. Schon in dieser Zeit brach er mit der kommunistischen Ideologie. Nach seiner Rückkehr nach Deutschland wurde das in einem Referat manifest, das er im Oktober 1946 vor einem sozialdemokratischen Arbeitskreis in Hamburg hielt. In dem Referat sagte er, der Sozialismus stehe und falle keineswegs mit der Eigentumsfrage. Und die Verengung des Begriffs des Sozialismus auf die Lehre von der Strategie und Taktik des Kampfes der

Arbeiterklasse sei der – Lenin'sche – Bruch mit der Kontinuität der freiheitlichen und humanitären Bestrebungen der Vergangenheit gewesen. Daher rühre „die Gleichschaltungstendenz, die geistige Verflachung der Menschen, die sich dieser Lehre unterwarfen, ihre geistige Versklavung, die so weit geht, daß sie am Schluß nicht mehr sich selbst trauen dürfen". Hier zieht er unverkennbar die Konsequenz aus seinem eigenen Erleben. Und auf diesem Hintergrund bekennt er sich ausdrücklich zur Demokratie und zur Pluralität.

Nicht zuletzt der Eindruck, den Kurt Schumacher im Rundfunk auf ihn machte, bewog Herbert Wehner 1946 dazu, der SPD beizutreten. Der Parteivorsitzende wurde bald auf ihn aufmerksam und erwartete, daß Wehner der Partei helfen könne, den damals noch starken Einfluß der Kommunisten in den Hamburger Betrieben zu brechen. Wehner wußte, was er damit auf sich nahm. Als es 1949 um die Kandidatur für den Deutschen Bundestag ging, habe er zu Schumacher gesagt: „Sie werden mir die Haut vom lebendigen Leibe abziehen". Schumacher habe geantwortet „Ja, das werden sie, und das wirst Du aushalten". Beide haben recht behalten.

Seit diesem Zeitpunkt gehörte sein ganzes Leben, gehörte all seine Kraft der deutschen Sozialdemokratie. Er diente ihr zunächst als Redakteur in Hamburg und in der örtlichen Parteiorganisation und dann von 1952 bis 1982 als Mitglied des Parteivorstandes, von 1958 bis 1973 auch als stellvertretender Parteivorsitzender. Während dieser Zeit gehörte er fast 34 Jahre lang – von 1949 bis 1983 – als Hamburger Abgeordneter dem Deutschen Bundestag an; davon 13 Jahre als Fraktionsvorsitzender.

In diesen drei Jahrzehnten hatte er vor allem ein Ziel vor Augen. Er wollte ein neues demokratisches und freiheitliches Deutschland, in dem eine gerechte soziale Ordnung allen die gleiche Chance für ein sinnvolles Leben und eine volle Teilhabe an den Früchten der gemeinsamen Anstrengung bieten sollte. Darum trat er unermüdlich für die Aussöhnung gerade mit den Völkern ein, die in besonderer Weise unter der Barbarei der nationalsozialistischen Gewaltherrschaft gelitten hatten; also den Juden und den Polen. Zu ihnen schlug er Brücken der Verständigung, zu deren Bau er auf Grund seiner eigenen Lebenserfahrungen besonders befähigt war. Und er reiste zu ihnen; nicht nur, wenn alle reisten, sondern auch in Zeiten der Bedrängnis, wenn sich nur wenige auf den Weg machten.

Darum kämpfte er für Frieden und Abrüstung. Darum bewegte ihn die deutsche Frage ohne Unterlaß. Darum engagierte er sich unermüdlich in der Ost- und Deutschlandpolitik und hob warnend seine Stimme, wenn er sie in Gefahr glaubte oder sie ihm an Dynamik zu verlieren schien. Es gehört zur Tragik seines Lebens, daß er, der von Anfang an unter der Teilung Deutschlands litt und der stets an der Einheit der Nation festhielt, die Volksbewegung im anderen deutschen Staat, daß er den Fall der Mauer, daß er das Wiedererstehen der Sozialdemokratischen Partei Deutschlands in seiner alten Heimat nicht mehr bewußt wahrnehmen konnte. Im Innern engagierte er sich vor allem für Fragen der sozialen Gerechtigkeit und für die Mitbestimmung.

Sein entscheidender Beitrag zur deutschen Nachkriegsgeschichte war, daß er der deutschen Sozialdemokratie mit unerschütterlicher Beharrlichkeit den Weg in die Regierungsverantwortung bahnte und damit ein Doppeltes bewirkte: Die endgültige Widerlegung des konservativen Vorurteils, die älteste deutsche Partei sei zur Regierung des Staates nicht fähig und tauge allenfalls zur Opposition. Und die Anwendung eines elementaren Prinzips der Demokratie – nämlich den Wechsel der Parteien zwischen den Funktionen der Regierung und der Opposition, der gerade auf Grund seines Engagements zwanzig Jahre nach Gründung der Bundesrepublik zum erstenmal stattfand. Darum hat er mit eiserner Energie für die Regierungsfähigkeit der Sozialdemokratie gekämpft. Die Partei verdankt ihm wesentliche Anstöße zur programmatischen und organisatorischen Erneuerung nach den Niederlagen der fünfziger Jahre. Als stellvertretender Parteivorsitzender hat er nach seiner Wahl auf dem Stuttgarter Parteitag im Mai 1958 die hauptamtlichen Mitarbeiter nicht nur straff und mitunter streng angeleitet, sondern auch jeden einzelnen von ihnen als Funktionär gesehen und als Mensch ernst genommen und respektiert. Die Arbeitsgemeinschaften in der Partei hat er als Sensoren gesellschaftlicher Entwicklungen unterstützt, ihre Repräsentanten aber zugleich davor gewarnt, sich als „Abgeordnete der Arbeitsgemeinschaften innerhalb der Partei und der Fraktion aufzuführen".

Die Arbeit am Godesberger Programm hat er unterstützt; unter anderem durch einen Beitrag zum außenpolitischen Teil des Entwurfs. Wichtiger noch war aber die engagierte Rede, die er im November 1959 für die Annahme des Programms auf dem Parteitag hielt. Sie bewirkte, daß auch Zweifelnde und Zögernde aus dem linken Spektrum dem Programm zustimmten und dafür dann eine breite Mehrheit zustande kam.

Ein wesentlicher Schritt auf dem Wege zur sozialdemokratischen Regierungsverantwortung war seine inzwischen schon historische Bundestagsrede vom 30. Juni 1960. Bis zu diesem Zeitpunkt stand die Sozialdemokratie dem Adenauer'schen Konzept der militärischen, politischen und wirtschaftlichen Westbindung der Bundesrepublik skeptisch gegenüber. Die SPD stellte die Bindung an NATO und europäische Strukturen stets unter den Vorbehalt, sie dürften der deutschen Wiedervereinigung nicht im Wege stehen. Im März 1959 hat sie mit ihrem Deutschlandplan, an dessen Formulierung Herbert Wehner und auch Helmut Schmid maßgebend mitwirkten, zum letzten Mal den Versuch unternommen, ein Alternativmodell anzubieten, das ein wiedervereinigtes, unabhängiges und bündnisfreies Deutschland im Rahmen eines europäischen Sicherheitssystems vorsah. Auf der Genfer Außenministerkonferenz von 1959 nahmen jedoch weder die Westmächte noch die Sowjetunion den Deutschlandplan der SPD ernst. Eine Gipfelkonferenz, die für Mai 1960 in Paris geplant war, trat erst gar nicht zusammen.

In dieser Situation befreite Herbert Wehner mit seiner Rede die SPD aus ihrer außenpolitischen Isolierung. Es gehe jetzt – sagte er – „um das höchst erreichbare Maß an Übereinstimmung in der Bewältigung der deutschen Lebensfragen". In der gefährlichen, unübersichtlich gewordenen Lage sollten die Fraktionen des Deutschen Bundestags „den Vorsatz zu fassen imstande sein, unser innenpolitisches Verhältnis zueinander in die Ordnung zu bringen, die uns befähigen könnte, der gesamtdeutschen Verpflichtung der Bundesrepublik gerecht zu werden". Ganz konkret antwortete Herbert Wehner auf entsprechende Fragen in der öffentlichen Diskussion, die der Parlamentssitzung vorausgegangen waren: „Die Sozialdemokratische Partei Deutschlands geht davon aus, daß das europäische und das atlantische Vertragssystem, dem die Bundesrepublik angehört, Grundlage und Rahmen für alle Bemühungen der deutschen Außen- und Wiedervereinigungspolitik ist". Zugleich erklärte er den Deutschlandplan für überholt. Er beendete seine Rede mit dem berühmt gewordenen Schlußsatz „Innenpolitische Gegnerschaft belebt die Demokratie. Aber ein Feindverhältnis, wie es von manchen gesucht und angestrebt wird, tötet schließlich die Demokratie, so harmlos das auch anfangen mag. Das geteilte Deutschland kann nicht unheilbar miteinander verfeindete christliche Demokraten und Sozialdemokraten ertragen".

Die Wirkung der Rede war gewaltig. Sie hatte nicht nur ein immenses Presseecho. Sie veränderte vielmehr die innenpolitische Situation grundlegend. Denn sie nahm Konrad Adenauer und der Union ein Aktionsfeld, auf dem sie die SPD bis dahin unentwegt als unzuverlässig und nicht vertrauenswürdig angegriffen hatten. Sie taten dies bis dahin mit Erfolg – wie unter anderem die Bundestagswahl vom September 1957 zeigte, bei der die Union auch deshalb die absolute Mehrheit erreichte. Gelegentlich wird behauptet, Wehner habe mit dieser Rede die Parteiführung und die Fraktion überrumpelt. Das ist unzutreffend. Ihre Kernpunkte sind vielmehr zuvor in den zuständigen Gremien erörtert und auch gutgeheißen worden. Darauf hat Herbert Wehner – er war damals auch außen- und deutschlandpolitischer Sprecher der Fraktion – Wert gelegt. Christoph Meyer hat das in seiner kürzlich erschienenen Biographie, die zu Recht große Aufmerksamkeit gefunden hat, im Detail dargelegt.

Über Jahre erstreckten sich die Bemühungen Wehners um das Zustandekommen einer Großen Koalition, die demselben Ziel galt. Ihn beseelte dabei die Vorstellung, daß nur die Mitwirkung in einer Großen Koalition der SPD Gelegenheit gebe, ihre Regierungsfähigkeit unter Beweis zu stellen und damit ihre Chancen für die Zukunft zu verbessern. Eine Vorstellung, die sich Ende der sechziger Jahre als durchaus zutreffend erwies.

Erste Kontakte in dieser Richtung knüpfte er bereits in den fünfziger Jahren. Seine wichtigsten Gesprächspartner in der Union waren zunächst Jakob Kaiser und Ernst Lemmer und später Karl-Theodor zu Guttenberg, Paul Lücke, Johannes Schauff und Heinrich Krone. Insbesondere mit Guttenberg ergab sich ein kontinuierlicher, von gegenseitigem Vertrauen getragener Gedankenaustausch. Ein erster konkreter Erfolg stellte sich im Herbst 1962 ein, als kein Geringerer als Konrad Adenauer während der durch die Spiegel-Affäre ausgelösten Koalitionskrise offizielle Gespräche mit der SPD führte. Daß er so primär Druck auf die FDP ausüben wollte, ändert nichts daran, daß er damit die von ihm seit 1949 immer wieder als Gefahr für unser Land verunglimpfte SPD erstmals als potentiell regierungsfähig anerkannte. Überdies empfing er damals als Gesprächspartner neben Erich Ollenhauer und Fritz Erler eben auch den von ihm öffentlich als Mann, „der die Sprache der SED spricht", abqualifizierten Herbert Wehner. Das muß für Herbert Wehner eine Stunde großer innerer Genugtuung gewesen sein.

Zustande kam die Große Koalition dann bekanntlich im Herbst 1966. Ich gehörte übrigens zu denen, die ihrer Bildung zunächst deshalb mit Skepsis begegneten, weil ihr der einige Zeit zuvor wegen der Spiegel-Affäre aus dem Amt des Verteidigungsministers geschiedene Franz-Josef Strauß als Finanzminister angehören sollte. Aber ich sah schließlich ein, daß diese „Kröte" im Interesse des Gemeinwesens und auch im Interesse der deutschen Sozialdemokratie geschluckt werden mußte. Die erste Große Koalition hat dann ja auch respektable Arbeit geleistet.

Was für ein Mensch war dieser Herbert Wehner? Manches dazu habe ich schon gesagt. Anderes bleibt noch zu erwähnen. Zunächst: Er war mit Leib und Seele Parlamentarier. Und er war es mit Leidenschaft. Diese Leidenschaft beflügelte ihn und brach immer wieder aus ihm heraus. Dann konnte er scharf, sarkastisch, ja mitunter kränkend und ungerecht werden. Aber er konnte auch unerbittlich schweigen. Und er vergaß auch nicht leicht. Manche seiner ebenso berühmten wie gefürchteten Zwischenrufe und mancher Zornesausbruch, der ganz unvermittelt auch Freunde und Vertraute treffen konnte, beweisen das. Seine Leidenschaft machte ihn auch zu einem Meister des Wortes. Er hat seine Sätze zusammengefügt wie die Zyklopen der Vorzeit ihre gewaltigen Mauern. Kein Satz verlor sich unfertig im Unbestimmten. Jeder kam zu seinem vorbedachten Schluß. Und auch, was zunächst dunkel erschien, gab seinen Sinn dem preis, der nicht nur an der Oberfläche blieb.

Aber Herbert Wehner verstand es auch, zuzuhören. Jedenfalls denen, die etwas zu sagen hatten oder die seine Unterstützung brauchten. Denen half er dann im Stillen mit der gleichen Empfindsamkeit, Beharrlichkeit und Geduld, mit der er sich den großen politischen Aufgaben gewidmet hat. Die Zahl derer, die ihm Ermutigung, Erleichterung, ja die Freiheit verdanken, ist Legion.

Ich denke dabei nur an die unzähligen Stunden und Tage, in denen er sich um die Freilassung und die Übersiedlung von Menschen aus der DDR in die Bundesrepublik bemüht hat. Da war ihm kein Brief, kein Telefongespräch und auch keine Reise zu viel. Nach vorsichtigen Schätzungen hat er Tausenden von Menschen auf diese Weise geholfen.

Hier in diesem Bemühen, von dem er nur selten sprach, offenbarte sich etwas vom Wesen des Menschen Herbert Wehner, das sich auch denen, die ihm nahestanden, nur langsam in all seinen Dimensionen erschloß. Hier offenbarte sich ein Stück von jener Substanz und Dichte, die ihn ein Leben bestehen ließ, an dessen Herausforderungen und Prüfungen viele andere gescheitert wären und auch gescheitert sind. Zu dieser Substanz gehörte die Nächstenliebe; eine Nächstenliebe, die – mehr, als vielen bewußt war – in seinem christlichen Glauben wurzelte. Einem Glauben, den er übrigens bei nicht wenigen Gelegenheiten auch öffentlich bekannte, indem er sich auf die Bergpredigt berief oder aus dem 23. Psalm und dem Brief des Paulus an die Korinther zitierte. Wie ich schon erwähnte, ist er während der Haft in Schweden zu dem Glauben seiner Kindheit zurückgekehrt. Zu dieser Substanz gehörte auch ein hohes Maß an Sensibilität und Selbstdisziplin, mit deren Hilfe er letztlich die vulkanischen Kräfte bändigte, die in ihm wohnten. Dazu gehörte schließlich eine seltene Vitalität, eine schier unerschöpfliche Lebenskraft, die erst in den letzten Jahren an ihre Grenze gelangte und dann allmählich versiegte.

Wie sehr er bei all dem auch der leisen und zarten Töne fähig war, zeigen nicht wenige seiner Briefe. Und auch die rührende Sorge, mit der er Lotte Burmester, seine 1979 verstorbene Frau, in den Wochen und Monaten ihrer schweren Krankheit bis zum letzten Tag beistand, gehört zu dieser Seite seines Wesens, die nicht für jedermann offen zutage lag.

Und noch etwas charakterisiert ihn. Nämlich seine Anspruchslosigkeit und seine Integrität. Gewiß: Er wußte mit der Macht umzugehen. Aber er verschmähte es, daraus für sich Vorteil zu ziehen. Alles, was ihn selbst betraf, war bis zur Kargheit einfach und auf wohltuende Weise altmodisch. Seine Reihenhauswohnung am Heiderhof in Bonn und sein Ferienhaus in Schweden eingeschlossen. Und auch das war ein Grund dafür, daß ihn mehr und mehr Menschen achteten und bewunderten. Die überheblicherweise von manchen so genannten „kleinen Leute" zumal.

Bleibt die Frage nach den Vorwürfen und Verleumdungen, denen er nach 1945 ausgesetzt war und die selbst nach seinem Tode in gewissen Abständen von neuem erhoben werden. Sie beziehen sich hauptsächlich auf die Jahre des Moskauer Exils und die Frage, wie sich Herbert Wehner dort verhalten hat. Die Meyer'sche Biographie läßt keinen Zweifel daran, daß Herbert Wehner in dieser Zeit ein überzeugter und linientreuer Kommunist war. Einer auch, der deshalb die sogenannten Trotzkisten entschieden bekämpfte. Meyer widerlegt aber akribisch den Vorwurf, Wehner sei der eigentlich Verantwortliche für die damaligen Stalin'schen Säuberungsmaßnahmen gegen deutsche Kommunisten gewesen. Übrig bleibt, daß er ein Rädchen des riesigen Verfolgungsapparates des NKWD und überdies selbst vorübergehend von gefährlichen Sanktionen bedroht war. Es wäre gut, wenn die Debatte über diesen Punkt nunmehr endgültig beendet werden könnte. Ebenso aber auch die über die daraus abgeleiteten Behauptungen, Herbert Wehner habe auch nach 1946 in konspirativer Verbindung mit der sowjetischen Führung oder der Führung der DDR gestanden. Denn gerade diese Behauptungen entlarvt Meyer als üble Verleumdungen zum Zwecke der Diffamierung eines politischen Gegners.

Andere Vorwürfe betreffen die Spannungen zwischen Herbert Wehner und Willy Brandt in den siebziger Jahren und den Konflikt, zu dem es 1973 im Anschluß an die Äußerungen Wehners während einer Delegationsreise nach Moskau kam. Wenn man sie auf ihren Kern zurückführt und der jeweiligen journalistischen Zutaten entkleidet, bleibt die unterschiedliche Persönlichkeitsstruktur der beiden und die Ungeduld Wehners bei der Umsetzung der Ostpolitik. Eine Ungeduld, die Willy Brandt in der Form, in der sie ihm übermittelt wurde, in der Tat verletzte. Manche mögen das anders sehen. In der Tat haben sich ja Willy Brandt, Herbert Wehner und auch Helmut Schmidt gegenseitig nicht immer innig geliebt, aber sie haben doch immer wieder zur Zusammenarbeit an dem großen gemeinsamen Projekt gefunden, das Wehner im Dezember 1960 in einem Brief an Brandt, dessen Nominierung als Kanzlerkandidat für die Bundestagswahl 1961 er nachdrücklich unterstützt hatte, so umriß: „Eine Sozialdemokratie zustande zu bringen, die den Anforderungen der zweiten Hälfte dieses Jahrhunderts gerecht werden kann, das heißt, die nicht am Kommunismus zerbricht und in ihrem Volk eine unentbehrliche gestaltende Kraft nicht nur in ihrer eigenen Vorstellung wird."

Wir sollten jedoch keinesfalls denen auf den Leim gehen, die noch im Nachhinein Spaltkeile zwischen die wichtigsten gestaltenden Persönlichkeiten der Sozialdemokratie in der zweiten Hälfte des zwanzigsten Jahrhunderts treiben wollen.

Herbert Wehner war niemand, der sich für unfehlbar hielt. Vielmehr haderte er mit sich selbst wegen seines frühen Irrtums, der ihm stets bewußt blieb. Er wollte nicht nur, daß sich das deutsche Volk „wieder gut machte". Er wollte sich auch selbst „wieder gut machen". Darin wurzelte letzten Endes sein ganzes Engagement von dem Zeitpunkt an, als er seinen Irrtum erkannte.

In den letzten Jahren seines Lebens ist es um Herbert Wehner still geworden. Die Krankheit bemächtigte sich seiner immer mehr und die Augenblicke des Erinnerns wurden seltener. Zwei Reisen in seine alte Heimat in den Jahren

1985 und 1986 verschafften ihm solche Augenblicke, in denen er manches wiedererkannte. Den Fall der Mauer hat er nicht mehr bewußt wahrgenommen. Geradezu tragisch erscheint mir, daß er die deutsche Einigung, für die er so nachdrücklich eingetreten ist, nicht mehr erleben konnte. Auch die tiefe Freude, mit der ihn die Wiedererrichtung der Frauenkirche in seiner Heimatstadt Dresden erfüllt hätte, blieb ihm versagt.

Daß er bis zu seinem Tode noch in Würde existieren konnte, verdankte er der Pflege seiner Frau Greta. Auch vorher war sie ihm jahrzehntelang eine unermüdliche Helferin. Dafür danken wir ihr gerade an diesem Tage mit großem Respekt.

Was würde – und damit schließe ich – Herbert Wehner uns Heutigen sagen? Was würde er seiner Partei raten, die sich ja wiederum, wie vor vierzig Jahren, in einer Großen Koalition befindet? Man soll sich da mit seinen eigenen Vermutungen nicht überheben. Aber in fünf Punkten bin ich mir doch ziemlich sicher. Nämlich, daß er raten würde:

– Bleibt eine Mitgliederpartei, werdet nicht zu einem Wahlverein und unterschätzt nicht, wieviel von der organisatorischen Stärke abhängt.

– Gebt Euch keinem Wunschdenken hin, sondern nehmt die veränderten Realitäten zur Kenntnis und gebt realistische Antworten auf die neuen Herausforderungen. Aber haltet an den Grundwerten Freiheit, Gerechtigkeit und Solidarität fest und meßt auch die neuen Antworten an ihnen.

– Engagiert Euch für ein freiheitlich, sozial und demokratisch verfaßtes und auf allen politischen Feldern handlungsfähiges Europa.

– Arbeitet fair mit dem Koalitionspartner zusammen. Aber wahrt das eigene Profil.

– Schließlich: Vergeßt die Geschichte der deutschen Sozialdemokratie nicht. Meine Generation ist auf härtere Proben gestellt worden und hat sie bestanden. Gerade auch deshalb: Bekämpft das Wiederaufleben nationalsozialistischer Ideen und Parolen und insbesondere das gewalttätige Wiederaufleben von Antisemitismus und Fremdenfeindlichkeit mit aller Kraft.

Ja: Das Nie wieder! Nicht noch einmal! ist wohl sein aktuellstes Vermächtnis. Wir wollen es beherzigen.

Eine der prägenden Persönlichkeiten der Nachkriegsgeschichte

Cornelius Weiss

Prof. Dr. Cornelius Weiss, Vorsitzender der SPD-Landtagsfraktion Sachsen
Begrüßungsrede zur Buchvorstellung der Herbert-Wehner-Biografie im Ständehaus (Alter Landtag) in Dresden am 11. Juli 2006

Liebe Genossinnen und Genossen, meine sehr geehrten Damen und Herren,

es ist mir eine große Ehre, Sie beziehungsweise Euch im Namen der SPD-Fraktion im Sächsischen Landtag zur Vorstellung der ersten vollständigen aus Originalquellen erarbeiteten Herbert-Wehner-Biografie von Dr. Christoph Meyer zu begrüßen.

Herbert Wehner – eine der ganz großen politischen Persönlichkeiten der deutschen Nachkriegsgeschichte – wurde in Dresden, auf den Tag genau vor 100 Jahren, geboren. Hier, im so genannten Ständehaus, dem Tagungsort des alten Sächsischen Landtags, verdiente sich Herbert Wehner als junger KPD-Abgeordneter und stellvertretender Fraktionsvorsitzender von Juli 1930 bis Januar 1931 die ersten parlamentarischen Sporen mit acht Redebeiträgen, drei Schlussworten und 27 kassierten Ordnungsrufen. Mit besonderer Freude begrüße ich an diesem historischen Ort die Genossin Greta Wehner, langjährige Weggefährtin Herbert Wehners und Stifterin des Herbert-Wehner-Bildungswerkes.

Ich begrüße mit gleicher Herzlichkeit unseren Genossen Dr. Hans-Jochen Vogel, Bundesvorsitzender der SPD und Vorsitzender der SPD-Bundestagsfraktion a.D. Mein herzlicher Gruß gilt auch dem Bundesminister a.D. Dr. Jürgen Schmude, Sprecher des Freundeskreises Herbert-Wehner-Bildungswerk. Ebenso freue ich mich, dass Hanjo Lucassen, DGB-Landesvorsitzender und fünf Jahre lang Mitglied der hiesigen SPD-Landtagsfraktion, unserer Einladung gefolgt ist. Meine Damen und Herren, korrekterweise müsste ich noch viele Gäste namentlich begrüßen. Leider reicht die Zeit dazu nicht, deshalb an Sie und Euch alle noch einmal ein herzliches Willkommen.

Liebe Genossinnen und Genossen, meine Damen und Herren, für uns, damalige Zwangs-DDR-Bürger, gehörte Herbert Wehner – neben Willy Brandt und Walter Scheel – zu den letzten Hoffungsträgern. Die von der sozial-liberalen Koalition eingeleitete Neue Ostpolitik, die ja von Herbert Wehner bereits Ende der 1950er/Anfang der 1960er Jahre vorbereitet worden war, führte zu einer gewissen, auch innerdeutschen Entspannung, ohne die es, davon bin ich überzeugt, weder die Anfänge der Bürgerrechtsbewegung noch die friedliche Revolution gegeben hätte. Die Durchsetzung von Reisemöglichkeiten erst für Rentner und später in dringenden Familienangelegenheiten gab uns jedenfalls neue Kontakt- und Informationsmöglichkeiten. Die Tatsache, dass der DDR-Obrigkeit auf die Finger geschaut wurde und das Wissen, dass sie deshalb nicht mehr nach Belieben mit uns umspringen konnte, gab uns eine gewisse Geborgenheit: Im schlimmsten Fall würde uns die Bundesregierung aus der Haft freikaufen.

Ich möchte in diesem Zusammenhang noch einen weiteren Gast unserer Veranstaltung begrüßen: Rechtsanwalt Prof. Dr. Wolfgang Vogel, der sich zusammen mit den West-Berliner Rechtsanwaltskollegen, Reymar von Wedel sowie Jürgen Stange, in enger Abstimmung und Kooperation mit Herbert Wehner sehr erfolgreich um humanitäre Erleichterungen für politische Häftlinge in der DDR und um die Zusammenführung getrennter Familien bemühte.

Meine sehr verehrten Damen und Herren, all dies sahen wir Ostdeutschen in Gefahr, als die CDU/CSU versuchte, die sozial-liberale Regierung durch ein konstruktives Misstrauensvotum zu stürzen. Ich kann mich noch sehr genau an jenen 27. April 1972 erinnern: Gebannt verfolgten wir die entsprechende Bundestagsdebatte am Fernseher und sahen dabei den arrogant geschniegelten Auftritt des Herausforderers aus den Reihen der Opposition Rainer Barzel sowie die äußerst ernsthaften Redebeiträge von Seiten Willy Brandts und Walter Scheels. Herbert Wehner gelang es, in einer eiskalten und höflich vorgetragenen Analyse die Lage sowie die Konsequenzen aufzulisten. Insgesamt endete die gesamte Angelegenheit bekanntlich mit einer Bruchlandung des Senkrechtstarters Rainer Barzel. Damals herrschte unter der Mehrheit der Bundesbürger, aber eben auch unter vielen DDR-BürgerInnen, Erleichterung, wenngleich wir die wahren Hintergründe und Fakten in dieser Sache erst heute aus einschlägigen Werken der Historiker – und ein ebensolches stellt auch dasjenige Christoph Meyers dar – erfahren. Ein bestimmtes Kapitel aus der präsentierten Herbert-Wehner-Biografie Christoph Meyers, das mich besonders berührte, berichtet über Herbert Wehners Zeit in Moskau im legendären Hotel „Lux". Ich kann mir die Atmosphäre dort sehr gut vorstellen, denn ab 1946 lebte ich ja selbst im Einflussbereich des MWD – der Nachfolgeorganisation des NKWD. Noch zehn Jahre nach der so genannten „Jeschowtschina", also der Zeit des großen Terrors zwischen September 1936 und November 1938, waren Angst und Schrecken allgegenwärtig.

Christoph Meyer räumt in seinem Buch endlich mit den unsäglichen Fälschungen und Verdächtigungen auf und widerlegt diese mit Hilfe wissenschaftlicher Methodik. So weist er richtigerweise darauf hin, dass eben eine Ausnahmesituation vorherrschte, die durch totale Überwachungs- und Unterdrückungsstrukturen geprägt war. Demgemäß ließen sich 1,5 Millionen Verhaftete und ca. 700.000 Erschossene aufführen, die diese These traurigerweise bestätigen.
Liebe Genossinnen und Genossen, meine sehr verehrten Damen und Herren, ich könnte noch viele weitere solche oder ähnliche Anmerkungen machen und darüber berichten, was mir dieses Buch persönlich gegeben hat – nicht zuletzt die berührenden Schilderungen über den Menschen Herbert Wehner hinter dem allseits bekannten kantigen Vollblutpolitiker. Aber es ist jetzt höchste Zeit, dass der Autor selbst einmal zu Wort kommt: Ich möchte daher Herrn Dr. Christoph Meyer vorstellen. Ich bitte dich, lieber Christoph, nunmehr ans Rednerpult.

Herbert Wehner – Das ganze Leben zählt

Christoph Meyer

Dr. Christoph Meyer, Leiter des Herbert-Wehner-Bildungswerks
Lesung zur Buchvorstellung im Ständehaus (Alter Landtag)
in Dresden am 11. Juli 2006 (3)

Wir befinden uns hier im Alten Landtag an der Stelle, wo Herbert Wehner selbst einige Monate als Abgeordneter wirkte. Ich möchte – angesichts der begrenzten Zeit und aufgrund dieses Ortes – in meinen Ausführungen schwerpunktmäßig auf den Parlamentarier Herbert Wehner eingehen – andere Aspekte im Wirken dieses Jahrhundertpolitikers werden dabei berührt bzw. sie können in der Diskussion angesprochen werden.

Am Anfang steht eine kurze Lesung aus meinem Buch über den KPD-Parlamentarier Herbert Wehner. Es folgen dann einige Thesen oder Bemerkungen.

Erste Lesung

Am 22. Juni 1930, wurde in Sachsen ein neuer Landtag gewählt. Dabei erhielt die SPD als einzige stabile demokratische Kraft 33,4 Prozent der Stimmen, die KPD mit ihrer Wahlkampflosung „Das rote Sachsen wählt Kommunisten!" kam auf 13,6 Prozent. Die NSDAP jedoch war die eigentliche Wahlsiegerin. Sie konnte ihren Stimmenanteil fast verdreifachen und mit 14,4 Prozent die KPD überflügeln. Unter den 13 kommunistischen Abgeordneten im Landtag am Dresdner Schloßplatz war als Zweitjüngster der gerade 24jährige Herbert Wehner. Er wurde zum stellvertretenden Vorsitzenden seiner Fraktion gewählt. Sein „erstes Erlebnis" im Landtag war, daß ihm der NSDAP-Abgeordnete, Terrorist und Mörder Manfred Freiherr von Killinger Prügel anbot. In der Zeit zwischen dem 15. Juli 1930 und dem 27. Januar 1931 hielt Wehner acht Reden und drei Schlußworte im Landtag – und kassierte 27 Ordnungsrufe. Einmal wurde ihm das Wort entzogen.

Herbert Wehner und die KPD nutzten das Parlament in erster Linie als Bühne zu ihrer Selbstdarstellung. An die Möglichkeit, mit parlamentarischer Arbeit unmittelbar Politik gestalten zu können, glaubten sie nicht. Für Wehner war – das entsprach der Auffassung, die er als Anarchist vertreten hatte – „dieses bürgerliche Parlament nichts anderes als das ausführende Organ der herrschenden Trustkapitalisten, des Finanzkapitals". Die Polemik gegen Sozialdemokraten und Nationalsozialisten nahm in den Wehner-Reden einen breiten Raum ein. Im Dezember 1930 verstieg er sich zu der Behauptung, die Sozialdemokraten seien, „die festeste Stütze des Brüning-Kabinetts und die festeste Stütze der Regierung und damit die festeste Stütze der Diktatur" Der „Terror des Mordbanditentums der Nationalsozialisten auf der rechten Seite" galt ihm lediglich als „Verschärfung dieser faschistischen Diktatur". An anderer Stelle sagte er, „daß die Nationalsozialisten auf dem Wege sind, eine brave Koalitionspartei zu werden".

Immerhin mied Wehner es, die Sozialdemokraten, wie es der KPD-Linie entsprochen hätte, direkt als „Sozialfaschisten" zu titulieren. Aus seinen Reden spricht eine ernsthafte Auseinandersetzung mit der Lage der Arbeiter und

Erwerbslosen, Mitgefühl und der Wille, zur Verbesserung von deren Lage beizutragen. Schwerer wog jedoch, daß die politische Lageeinschätzung Wehners und der KPD falsch war. Die SPD, und mit ihr das gesamte politische System der Weimarer Demokratie, erschien in ihrer Verworfenheit den Nationalsozialisten mindestens gleichgestellt. Das halbautoritäre Notverordnungsregime Brüning bezeichnete Wehner als faschistische Diktatur. Kennzeichnend ist vor allem die einseitige Beurteilung der politischen Lage nach klassenökonomischen Gesichtspunkten. Damit im Zusammenhang stehen die grundlegenden Irrtümer der KPD jener Zeit: Sie behauptete, eine kommunistische Revolution stehe unmittelbar bevor – in Wirklichkeit stand Deutschland vor dem Rückfall in die Barbarei. Sie schätzte den Eigenwert von parlamentarischer Demokratie und Gewaltenteilung gering, und damit verharmloste sie die Gefahr, die durch die NSDAP tatsächlich drohte. Den Antisemitismus überging sie in ihrer Kritik. Der Faschismus wurde lediglich als ein Stadium des Kapitalismus angesehen und daher unterschätzt.

Die KPD-Führung ließ sich ihre politische Linie vom Exekutivkomitee der Kommunistischen Internationale (EKKI) diktieren. Dieses saß weit weg in Moskau und beurteilte die Lage in Mitteleuropa mit den Maßstäben der Ideologie, nach den oft arroganten und oberflächlichen Einschätzungen des Sowjetführers Stalin sowie nach kurzfristigen Machtinteressen des Sowjetstaates. Herbert Wehner war zu dieser Zeit überzeugter Anhänger der „Leninschen Lehre von der Partei". Intensiv studierte er die Schriften der Sowjetideologen Lenin, Trotzki, Bucharin und Stalin. Er erinnerte sich, geglaubt zu haben, daß „die darin widerklingenden Auseinandersetzungen und freimütige Kritik innerhalb der Arbeiterorganisationen" zum Wesen des Marxismus-Leninismus gehörten. Infolge dieses Irrtums habe er die „Konsequenzen der totalitären Lehre von der Partei und von der Diktatur des Proletariats" verkannt. Die KPD war im Irrtum – und Wehner irrte mit.

Die Stärke des jungen Politikers und Funktionärs bestand in der praktischen Arbeit vor Ort. Er behandelte in „Parteiarbeiterkonferenzen" lieber die Praxis der Betriebsräte als weltpolitische Fragen. Innerhalb des Rotfrontkämpferbundes nahm er gegen gewaltsame Auseinandersetzungen mit dem sozialdemokratisch geführten „Reichsbanner" Stellung. Doch diese realistischen Ansätze wurden von „offiziellen Tributen an die revolutionäre Phraseologie" durchkreuzt. Mit ihrer „grundfalschen Auffassung von der militärischen Disziplin in der Partei" bekämpften diejenigen Kommunisten, die wie Wehner eine tatsächliche politische und soziale Befreiung erstrebten, letztlich ihr eigenes Ziel.

Herbert Wehner neigte nicht zur Resignation. Die militärische Unterdrückung der sächsischen Reformpolitik und die am eigenen Leib erfahrene soziale Ausgrenzung hatten ihn früh radikalisiert. Er wollte mit voller Konsequenz gegen die Ungerechtigkeit kämpfen. Die anarchistische Theorie reichte ihm nicht, er drängte zu revolutionären Taten. So schloß er sich derjenigen Partei und Bewegung an, die am radikalsten die herrschenden Verhältnisse zu bekämpfen schien, der kommunistischen. Seine organisatorische und politische Begabung wurde ihm dabei zum Verhängnis: Er machte Karriere. Diese führte ihn ins Zentrum des Parteiapparats, ins Karl-Liebknecht-Haus in der Reichshauptstadt. NS-Machtergreifung, Krieg und millionenfacher Völkermord standen noch bevor. Die Sowjetunion war weit weg, und auch die Exzesse der stalinistischen Schauprozesse lagen in der Zukunft. Herbert Wehner ging in den Apparat der Kommunistischen Partei, und von dort aus sollte er den Totalitarismus erleben. 1931 verließ er Dresden. Er wurde nach Berlin abkommandiert.

Erste Bemerkung: Schuld und Sühne

Herbert Wehners Verhalten während seiner Moskauer Jahre von 1937 bis Anfang 1941 ist nicht zu beschönigen. Er wurde dort in die stalinistischen Säuberungen verwickelt, und er machte sich schuldig. Es führt jedoch in die Irre, ihm als Motive vor allem karrieristischen Ehrgeiz bzw. besonders opportunistische Linientreue zu unterstellen. Und sämtliche Quellen einseitig zu seinem Nachteil auszulegen. Herbert Wehner hat von 1933 bis 1937 Widerstand gegen den Nationalsozialismus geleistet, und das war auch noch sein Ziel, als er nach Moskau kam. In der „Hölle" der Säuberungen überlebte er, und als er 1941 nach Schweden ging, so tat er das mit dem Ziel, von dort aus eine selbstbewußte und unabhängige deutsche Arbeiterbewegung neu aufzubauen. Von da an ist sein weiteres politisches Leben als tätige Wiedergutmachung für die Fehler seiner ersten Lebenshälfte zu verstehen. „In ihrem Ausmaß ist diese Wiedergutmachung beispiellos."

In Schweden wurde Herbert Wehner 1942 verhaftet, und dort brach er mit dem Kommunismus. Zunächst ideologisch und gegen Ende des Zweiten Weltkriegs auch organisatorisch. In Hamburg trat er 1946 der SPD bei. Als Lektor, Journalist, politischer Bildner und aktiver Sozialdemokrat bekämpfte er den kommunistischen Totalitarismus und trat er für die parlamentarische Demokratie ein.

Zweite Bemerkung: Gegeneinander und Miteinander

1949 kam Herbert Wehner in den Deutschen Bundestag. Er blieb bis 1983, fast 34 Jahre. Damit gehört er zu den Gründungsvätern des Parlamentarismus in der Bundesrepublik. Er gehört zu denen, die den Stil der Republik prägten. Nicht nur im Gegeneinander, in der scharfen Debatte, sondern auch im Miteinander. So geht die allererste gemeinsame, überparteiliche Erklärung aller demokratischen Fraktionen des Deutschen Bundestages auf ihn zurück: ein Protest gegen die undemokratischen Wahlen zur DDR-Volkskammer im Herbst

1950. Und unser Nationalfeiertag: 1953 setzte Wehner die Feiertagsregelung für den 17. Juni durch. Und er erfand den Namen, der bis heute noch gilt: Tag der deutschen Einheit.

Berühmt wurde Herbert Wehners Bundestagsrede vom 30. Juni 1960. Die politisch wohl wichtigste weil folgenreichste Rede, die je im Bundestag gehalten wurde. Mit ihr erkannte Wehner im Namen der SPD die Westbindung der Bundesrepublik an. Und damit ebnete er seiner Partei den Weg zur Regierungsbeteiligung. Und mehr noch:

Dritte Bemerkung: Zivilisierung des Konflikts

Mit seinem Appell am Schluß der Rede: „Innenpolitische Gegnerschaft belebt die Demokratie. Aber ein Feindverhältnis (...) tötet schließlich die Demokratie, so harmlos das auch anfangen mag" – mit diesem Appell zog Wehner eindrucksvoll die Konsequenz aus den tödlichen Irrtümern der deutschen Politik der ersten Jahrhunderthälfte – aus der leninistischen ebenso wie aus der nationalsozialistischen Verirrung. Er stellte das Gemeinsame über das Trennende. So wurde er zum Macher der ersten Großen Koalition (1966-69). Ein wichtiges Ziel war es in diesem Zusammenhang, die politischen Konflikte zu zivilisieren, die innenpolitische Verhetzung zu überwinden. (Das erklärt übrigens Wehners spätere Ablehnung der radikalen studentischen Opposition ebenso wie seine bittere Enttäuschung über den Konfrontationskurs der „CSU/CDU"-Opposition in den 70er Jahren.)

In seiner Zeit als Fraktionsvorsitzender von 1969 bis 1983 war es Herbert Wehners wichtigste Aufgabe, die durchaus nicht einfach zu führende SPD-Bundestagsfraktion auf Kurs hinter den Kanzlern Willy Brandt und Helmut Schmidt zu halten. Dies gelang ihm, und die Dauer des sozial-liberalen Regierungsbündnisses ist ganz wesentlich auf den aufopferungsvollen Einsatz von Herbert Wehner zurückzuführen.

Zum Parlamentarier und zum Parlamentsredner Herbert Wehner folgt jetzt eine zweite Lesung aus dem Buch:

Zweite Lesung

> Zahlreiche und in verschiedenen Varianten verbreitete Anekdoten schildern Wehner als autoritären Fraktionspatriarchen mit bärbeißigem, deftigem Humor. Ein Beispiel ist die oft mündlich erzählte Geschichte von dem Bundestagsabgeordneten, der in der alphabetisch geordneten Fraktion weit hinten sitzen mußte, weil sein Name mit W oder Z anfing. Als dieser bei Wehner anfragte, ob er weiter vorne sitzen könne, soll der geantwortet haben: „Dann mußt du dich Arschloch nennen, dann kannst du ganz vorne

sitzen!" Hans-Jochen Vogel (Anmerk. Hans-Jochen Vogel) erinnert sich an drei mögliche Arten, von Wehner in der Fraktion angesprochen zu werden. Wenn die Stimmung freundlich war, sei der Betreffende einfach mit seinem Nachnamen genannt worden, wenn es langsam ungemütlich wurde, habe es, etwas lauter, geheißen „Der Genosse ...", und wenn Wehner besonders wütend war, habe er geschrieen: „Der Herr ...!" Eine andere, ebenfalls mehrfach überlieferte Anekdote besagt, Wehner habe in späteren Jahren meist darauf verzichtet, bei Abstimmungen in der Fraktion die Stimmenzahl der Minderheit genau nachzuzählen. „Angenommen – gegen 38 Stimmen!" habe er üblicherweise festgestellt.

In vieler Hinsicht wirkte Wehner als Parlamentarier vorbildlich. „So werden wir ihn vor allem im Gedächtnis behalten", hieß es in einem Fernsehbericht aus Anlaß seines Ausscheidens aus dem Bundestag, „als immer unermüdlichen Parlamentarier in seiner Bank", der morgens als erster kam und abends noch einsam vorne auf dem Platz des Fraktionsvorsitzenden verharrte, ehe er als letzter das Parlament verließ. Sein Essen nahm er nicht im Restaurant ein, sondern bescheiden und spartanisch in seinem Arbeitszimmer, nach strengem Diätplan zubereitet von Greta betrachtete seinen Platz im Plenum als seinen Arbeitsplatz. Ausnahmen mußten, so erinnert sich Jürgen Schmude, von allergrößter Wichtigkeit sein, sonst pflegte er im Plenum zu sein. Er erledigte dort Schriftverkehr und machte sich Notizen. Wenn Brandt – das war häufig der Fall – nicht anwesend war, wechselten sich auf dem Platz an Wehners Seite diejenigen Fraktionskollegen ab, die etwas mit ihm zu besprechen hatten. Seine herausgehobene Stellung war unter anderem daran zu erkennen, daß nicht nur Abgeordnete, sondern auch die Minister dort in seiner Bank „antraten".

Wenn Wehner zu einer Rede vors Mikrophon trat, konnte er der Aufmerksamkeit der Abgeordneten und der Pressevertreter gewiß sein. Trotz Kargheit an poetischen oder literarischen Bildern war seine Sprache immer aussagekräftig. Sie wirkte authentisch, in Übereinstimmung mit seinem Seelenzustand. Wehner konnte sich auch kurz fassen, aber besonders in Erinnerung blieben seine umständlichen, oft mehr als 150 Wörter langen Schachtelsätze. „Manche sagen, er hätte Sätze aufeinandergetürmt wie die alten Zyklopen Steinmauern. Aber seine Sätze sind immer aufgegangen am Schluß", erinnert sich Hans-Jochen Vogel. Wehner überzeugte nicht durch geschliffene, glatte Rhetorik, sondern durch inhaltliche Tiefe, Schärfe, aggressiven Witz und Schlagfertigkeit.

Bei Rednern der CDU/CSU besonders gefürchtet waren Wehners Zwischenrufe, die sie aus dem Konzept bringen sollten. Die anteilig meisten Ordnungsrufe, nämlich 13 an der Zahl, erhielt Wehner in der 8. Wahlperiode zwischen 1976 und 1980; auf die 13 Jahre der sozial-liberalen Koalition entfallen 24 von seinen insgesamt 45 Ordnungsrufen. Die weitaus meisten Äußerungen und Zwischenrufe wurden jedoch nicht geahndet, und oft gab es keinen Anlaß dazu. Viele waren einfach gekonnt und witzig wie jener, von dem Björn Engholm berichtete. Da hatte er Helmut Kohl aufs Korn genommen. Engholm: „Als dieser im Deutschen Bundestag mit tiefem Pathos sinngemäß sein ‚dies ist der Tag ...' (der Demokraten wahrscheinlich) hervorbrachte, stieß Wehner quer: ‚Dies ist Donnerstag!' Das wiederholte sich, bis Kohl, erkennbar verwirrt, auf ‚es ist an der Zeit' umstieg und Wehner mit ‚Mittag ist es' konterte. Kohl gab auf." Kohls Antrittsrede als Oppositionsführer garnierte Wehner mit einem gezielten Zwischenruf: „Morgenstunde hat Kohl im Munde."

Bekannt sind die zahlreichen Wortspiele, mit denen Wehner die Namen von politischen Gegnern verballhornte. Das begann schon früh. Die Kommunisten Walter Ulbricht und Max Seydewitz wurden zu „Wulbricht" und „Seichtewitz". In der CDU/CSU wurde aus dem Abgeordneten von und zu Guttenberg zuweilen „Kuttenzwerg", aus Kurt Biedenkopf ein „Biedenknopf". Geläufig sind Prägungen wie „Übelkrähe" und „Hodentöter" für die CDU-Parlamentarier Jürgen Wohlrabe und Jürgen Todenhöfer. Doch auch eigene Parteifreunde blieben nicht verschont. Gleich zwei Verballhornungen erfand er für den rheinland-pfälzischen SPD-Politiker Klaus von Dohnanyi. Beide, das Substantiv „Dochnieda" und das Verb „dohnanyieren", waren wenig schmeichelhaft.

Ebenso wie solche Prägungen konnten Bemerkungen Wehners unter die Gürtellinie gehen, so der Vorwurf an Strauß vom 10. März 1975, sein Schreiben an die Bundestagspräsidentin sei „im Grunde genommen ein Erguß" gewesen. Die aus dem Parlament ausziehenden CDU/CSU-Abgeordneten begleitete er mit den Worten „machen Sie das draußen auch mit der Hosentasche weiter". Nun wird behauptet, Wehner habe solche „verbale Detonationen" nie unkontrolliert, sondern stets mit Bedacht und taktischem Kalkül angewandt. Das ist jedoch wenig wahrscheinlich. Viele Schimpfworte Wehners wurden durch beleidigende und ehrabschneidende Äußerungen und Zwischenrufe des politischen Gegners provoziert.

Er konnte sein Temperament nur schwer zügeln. Wenn ihm eine Gelegenheit zum Wortwitz einfiel, widerstand er meist nicht, und so brachen sie aus ihm hervor, die Schmähungen. Manchmal zielten sie auffällig auf die untere Körperhälfte. Die Welt verzeichnete mit Recht im Jahr 1976, Wehner sei der einzige führende Politiker, dessen politisches Denken und Handeln noch in den zwanziger Jahren geprägt worden war. Das war aber eine Zeit gewesen, in der autoritär geprägte Politiker und Militärs den Sumpf, wahlweise den braunen oder den roten, trockenlegen wollten, in der politische Feinde ausgerottet werden sollten und mit Attributen als bedrohlich empfundener

Sexualität bezeichnet wurden. Das Volk, die Gesellschaft, die Nation oder den Staat, auch die Klasse als politischen Körper zu sehen, der im Sumpf zu versinken drohte oder von Krankheitserregern befallen war, die es abzuwehren galt, gegen die Ordnung und Sauberkeit zu schaffen war, das war nicht nur ein Bild der Nationalsozialisten und ihrer Anhänger. Solche Körperbilder hinterließen ihre Spuren bei einem großen Teil der politischen Generation, der Wehner entstammte. Auch bei ihm selbst. Nicht von ungefähr nahm die Parole, unter der seine Zeitschrift Revolutionäre Tat stand, im Widerspruch zu landläufigen Vorstellungen von der Anarchie, den Drang zum Ordnen auf: Nicht „Chaos“, sondern „Ordnung ohne Herrschaft“ wollte Wehner schaffen.

Schon der achtzehnjährige Herbert Wehner ereiferte sich 1925 über den „furchtbaren Sumpf der kapitalistischen Weltordnung“. Er wünschte einer elenden Bande von Menschen, die stets nur über „das Bett und das Weib“ sprächen, sie möchten sich „recht schnell zu Tode huren“. Auch in seiner „Selbstbesinnung und Selbstkritik“ von 1942 sprach er immer wieder von den Krankheitserregern, von denen das deutsche Volk befallen sei. „Wieder gut machen“ faßte Wehner als Heilungsprozeß auf. Er verband solche Aussagen zwar mit demokratischen Zielsetzungen, aber die Sprache verrät ihn als Kind seiner Zeit.

Viele Temperamentsausbrüche Wehners waren im wahrsten Sinne des Wortes überflüssig. Sie schreckten politische Freunde und Gegner ebenso ab wie die Öffentlichkeit. Sie sind auf dem Hintergrund der Biographie und der zahlreichen, nicht weniger unangemessenen Anfeindungen gegen Wehner verständlich, aber sie waren weder politisch klug noch gar verehrenswert. Wehner trug so selbst zu vielen Anfeindungen bei.

Darüber hinaus ergaben sich aus seinem Lebenslauf und den eher im Verborgenen betriebenen humanitären Aktivitäten Wehners Fragen, die nicht so leicht zu beantworten waren. Wehner wirkte nach außen hin radikal, extrem. Denn er vertrat seine Ansichten und die Anliegen von Menschen radikal. Das, was er vertrat, war jedoch keineswegs extrem. Es blieb bei den Grundkonstanten Wehnerscher Politik, die sein Handeln seit den vierziger Jahren bestimmten: die Hilfe für die Opfer der Teilung und des Kalten Krieges, die Versöhnung der Arbeiterschaft mit dem Staat, die Regierungsfähigkeit der Sozialdemokratie, die Demokratisierung von Staat und Gesellschaft, gesamtdeutsche und europäische Friedens- und Entspannungspolitik, die Versöhnung mit den Völkern Osteuropas und die Überwindung der menschlichen Härten der deutschen Teilung.

Vierte Bemerkung: Bruch und Kontinuität

Schon 1966 in der sogenannten „Heckenschützenaffäre" und erst letzte Woche in einem Radiobeitrag des MDR ist behauptet worden, Herbert Wehner habe seine Position in der SPD „mit allen Techniken und Taktiken" gefestigt, die er im „Macht- und Herrschaftsapparat der Komintern" gelernt haben soll. Leute, die so etwas behaupten, werfen mir gerne vor, ich würde einen „Herbert Wehner ohne Brüche" konstruieren – aber in diesem einen Punkt ist die Bruchlosigkeit dann wieder willkommen. Ich denke dagegen, daß meine Biographie bis ins Detail nachweist, daß Herbert Wehners Bruch mit dem Kommunismus, mit dem Leninismus und auch mit seinen Techniken unumkehrbar und total war. Die Kontinuität, den roten Faden in seinem Leben sehe ich woanders, nämlich in der Motivlage, in dem, was Herbert Wehner antrieb, Politik zu machen:

– Verletztes Gerechtigkeitsempfinden führt zum Eintreten für die Befreiung der Unterdrückten und Rechtlosen – der Arbeiter im weitesten Sinne.

– Ein weiterer durchgehender Zug – gewissermaßen von der „Roten Hilfe" über die Kriegsgefangenen bis zu den Familienzusammenführungen – ist das Bemühen, politische Macht einzusetzen um Menschen, die in Not geraten sind, zu helfen.

Das sind die Kontinuitäten im Leben Herbert Wehners.

Fünfte Bemerkung: Zerrissenheit und Rätselhaftigkeit

Von wenig Verständnis zeugt daher auch der verbreitete Brauch, Herbert Wehner als besonders rätselhaft darzustellen oder ihn als „Der Zerrissene" zu qualifizieren, wie es erstaunlicherweise im letzten ‚Vorwärts' auf der Titelseite geschehen ist. Dazu noch eine ganz kurze Lesung:

> Daß Wehner sich weder zurückzog noch blieb was er war, sondern sowohl als Kommunist als auch nach 1945 als Sozialdemokrat in führenden Rollen tätig war, unterstreicht seine herausragende Bedeutung im Deutschland des 20. Jahrhunderts. Gleichzeitig gab es den Anlaß dazu, daß er für viele Zeitgenossen und spätere Betrachter rätselhaft und unverständlich blieb.
>
> Dabei ist Wehner gar nicht als besonders „rätselhaft" oder „zerrissen" anzusehen. Vielen, gar den meisten Deutschen rätselhaft war die politische Entwicklung des 20. Jahrhunderts in Europa. Zerrissen war Deutschland, war Europa selbst. Der Lebenslauf Wehners spiegelt Kontinuitätslinien und Brüche dieses Jahrhunderts in besonders drastischer Weise. Herbert Wehner war eben – im Unterschied zu vielen Deutschen – ein politischer Mensch.

Schlußbemerkung: Das Beispiel

Viele Deutsche sind im 20. Jahrhundert politischen Irrwegen gefolgt, darunter auch Herbert Wehner. Nur wenige haben sich nach einem solchen Scheitern, wie er es erleben mußte, nicht zurückgezogen, sondern Konsequenzen gezogen und als Demokraten und in seinem Fall als demokratische Parlamentarier – weiter gemacht. Und die deutsche Sozialdemokratie war so klug, seinen Beitrag anzunehmen. Dieses ist – auch heute – beispielhaft.

In diesem Sinne: Herbert Wehner – Das ganze Leben zählt. Danke!

(3) Die gelesenen Passagen sind folgendem Buch entnommen: Christoph Meyer: Herbert Wehner. Biographie, München 2006 (dtv-premium 24551, 579 Seiten mit Abb., 16,00 EUR).
Wir danken dem dtv-Verlag, München, für die freundliche Genehmigung zum Abdruck.

Er machte politische Arbeit zur Freude

Jürgen Schmude

Dr. Jürgen Schmude, Bundesminister a.D. und Sprecher des Freundeskreises Herbert-Wehner-Bildungswerk
Eröffnung der Feierstunde im Kleinen Haus des Staatsschauspiels in Dresden am 11. Juli 2006

Es ist mir natürlich eine Ehre, Sie alle hier zu begrüßen. Mehr noch aber betone ich meine Freude und meine Dankbarkeit. Denn wir blicken heute auf einen Mann und seine Zeit zurück, dessen Kenntnis ich nicht historischen Zeugnissen verdanke, auch nicht der hervorragenden neuen Wehner-Biographie von Christoph Meyer, die es draußen auf dem Büchertisch gibt. Denn ich habe ihn selbst kennen, ihn schätzen gelernt, ich konnte dankbar erleben, daß ich freundschaftlich mit ihm verbunden war. *Seine* Zeit, ein wichtiger Teil seiner Zeit, ist *meine* Zeit in der politischen Arbeit gewesen, in der politischen Arbeit, die bei mir im Deutschen Bundestag 25 Jahre gedauert hat.

Dank und Freude empfinde ich heute vor allem im Rückblick auf ihn, aber nicht nur auf ihn. Deshalb will ich auch andere erwähnen. Als ich 1969 das erste Mal in den Bundestag gewählt wurde, begann eine neue Zeit für Deutschland. Sie begann mit dem gleichzeitig ins Amt kommenden Bundeskanzler Willy Brandt, einem mitreißenden, faszinierenden Mann, der Reformen brachte, zunächst für die Bundesrepublik, aber weiter wirkend, und der eine neue Friedenspolitik brachte, die noch viel weiter wirkte, so daß wir heute hier zusammen sitzen können. Es waren neue Anfänge, in denen Träume wahr wurden, Wünsche erfüllt wurden, mit deren Erfüllung man als junger Mensch nicht gerechnet hatte, und ich durfte daran mitarbeiten. Es war eine harte Arbeit, und sie war lange eigentlich immer gefährdet.

Herbert Wehner, Vorsitzender der Bundestagsfraktion damals und die ganzen dreizehn folgenden Jahre bis 1983, erkannte das. Er setzte sich mit seiner Erfahrung und seinem Wissen und mit aller seiner großen Kraft für diese neue Politik ein, er tat es auch mit sehr großem Ernst. Und daraus ergaben sich gelegentlich bittere und harte Ermahnungen. Manche verübeln sie ihm noch heute. Aber entscheidend war eben, daß er die Bundestagsfraktion zusammenhielt, daß er sie als tragende Säule für diese Koalition und ihre Folgekoalitionen erhielt, und daß er mit ihr die neue Politik stützte, die Deutschland veränderte bis hin zur Wiedervereinigung lange nach seinem Ausscheiden aus der aktiven Politik. Dieser Mann war überzeugend. Er machte gemeinsame politische Arbeit mit ihm zur Freude. Es war leicht, mit ihm zusammen zu kommen, auch in einer persönlichen Verbundenheit, die für mich über seinen Tod hinaus dauerte, und die sich fortsetzte in einer freundschaftlichen Verbundenheit bis heute mit Greta Wehner, seiner Frau. Herzlich willkommen, Greta Wehner!

Ganz in Herbert Wehners Sinn hat Greta Wehner sich für Dresden, seine Heimatstadt, als ihren Lebens- und Wirkungsbereich entschieden. Sie hat sich dafür entschieden, nicht nur herzuziehen, sondern hier zu arbeiten. Ihr verdanken wir die Entstehung des Herbert-Wehner-Bildungswerks in Dresden vor gut zehn Jahren. Sie hat den Freundeskreis ins Leben gerufen, als dessen Sprecher ich Sie heute begrüßen darf. Jenen Freundeskreis, der die politische Arbeit stützt, der die heutige Veranstaltung trägt und dazu inzwischen auf den Beistand von etwa 440 Mitgliedern zurückgreifen kann. Ich füge natürlich hinzu: Weitere Mitglieder sind sehr herzlich willkommen, werden gern gesehen, und Ihnen ist auch ein Aufruf und ein Beitrittsformular verteilt worden oder es wird noch verteilt werden, – da gibt es also Möglichkeiten, die Arbeit zu unterstützen. Und noch eine Bemerkung: Der Freundeskreis hat sein diesjähriges Treffen eine Viertelstunde nach dieser Festveranstaltung – für die Mitglieder und diejenigen, die interessiert sind, dort mitzuarbeiten.

Zurück zu der damaligen Zeit: Die sozialdemokratischen Bundeskanzler konnten sich auf den kräftigen politischen Beistand Herbert Wehners verlassen. Nach Willy Brandt hat das Helmut Schmidt erfahren und viele Male dankbar gewürdigt. Wir freuen uns ganz außerordentlich, daß der ehemalige Bundeskanzler der Bundesrepublik Deutschland, Helmut Schmidt, heute unter uns ist.

In Helmut Schmidts Bundesregierung hatte ich den Vorzug, einige Jahre mitarbeiten zu dürfen und dabei ganz aus der Nähe einen Kanzler zu erleben, der hoch kompetent, diszipliniert, umsichtig und mutig ein Vorbild für jeden Politiker bot, der seine Pflichten wirklich ernst nehmen wollte. Auch auf diese Zeit blicke ich mit Dank und Freude zurück. Ich betone das in dieser Dreifaltigkeit, die ich jetzt vorgestellt habe, im Widerspruch zu den Freunden einfachen Denkens und des konfrontativen Gehabes, die uns jetzt vor die Alternative stellen wollen, sich für den einen und gegen den anderen zu entscheiden, weil das besser in die Schubladen ihres Denkens paßt: Nein! Für mich waren diese drei Persönlichkeiten ein Reichtum meines politischen Lebens, und ich füge hinzu: Sie alle drei wurden für unser Land dringend gebraucht. Auf keinen konnten wir damals verzichten, auf keinen wollen wir heute verzichten.

Die sozialdemokratische Regierungszeit ging Ende 1982 zu Ende, etwa gleichzeitig mit dem Ende der politischen Aktivität Herbert Wehners. Aber die Mitgestaltung der deutschen Politik endete damals nicht, im Gegenteil: Man konnte etwas dazulernen: daß eine verantwortungsbewußt, fleißig, umsichtig und stets aktiv eingreifende Opposition vieles nicht nur verhindern, sondern vieles auch in Gang bringen konnte. Das ist das Verdienst von Hans-Jochen Vogel, dem Nachfolger Herbert Wehners im Fraktionsvorsitz und später von Willy Brandt im Parteivorsitz. Er ist heute unter uns und herzlich willkommen.

In Hans-Jochen Vogel, dem ich ebenfalls freundschaftlich verbunden bin, begrüße ich hier nicht nur den ehemaligen Partei- und Fraktionsvorsitzenden der Sozialdemokratischen Partei Deutschlands, sondern auch den Gründungsvorsitzenden, den Gründungssprecher, des eben schon erwähnten Freundeskreises des Herbert-Wehner-Bildungswerks, meinen Vorgänger also, aber auch unseren Begleiter, denn bis zum heutigen Tag stützt er diese Arbeit weiterhin aktiv in Wort und Tat, noch heute Vormittag durch Mitwirkung an einer sehr schönen Veranstaltung. Sein Nachfolger in diesem Doppelamt, nämlich Partei- und

Fraktionsvorsitzender, wurde dann Franz Müntefering, der heute unter uns weilt. Der Vizekanzler der Bundesrepublik Deutschland, Franz Müntefering, sei bei uns herzlich willkommen. Ich begrüße in Franz Müntefering ein Mitglied unseres Freundeskreises, wie Helmut Schmidt Mitglied ist, einen Helfer und Redner bei vielen unserer Veranstaltungen, und so auch heute Nachmittag hier.

Nun, was bringt so viele Zeitgenossen der damaligen Jahrzehnte, und was bringt so viele jüngere Menschen, die Herbert Wehner selbst nicht erlebt haben, dazu, sich um Wehner heute zu kümmern, sich um sein Gedankengut zu scharen und nach ihm zu fragen? Was fasziniert diese Menschen, die ihn selbst und sein Engagement nicht erleben konnten? Was mich angesprochen hat – wir werden einiges in Vorträgen, in einem Vortrag und im Rückblick hören – was mich angesprochen und für Herbert Wehner damals gewonnen hat, will ich kurz zum Schluß sagen: Es war sein klarer Blick auf die großen Entwicklungslinien der Politik. Es war sein leidenschaftlicher Einsatz für den Frieden und die Demokratie, und das hieß für soziale Gerechtigkeit und sozialen Frieden im Innern. Es war sein wacher Instinkt für die Gefahren für solche Politik, der ihn ungeduldig werden ließ und hart werden ließ, wo er verspielte Eitelkeit und Leichtfertigkeit am Werk sah. Dieses alles, diesen Blick für die großen Dinge, verband er mit liebevoller Zuwendung zu einzelnen Menschen in Not. Er half ihnen, nachdrücklich und ausdauernd, im damals westlichen Deutschland und erst recht bei den vielen Not- und Zwangslagen, die nur von und aus der DDR gelöst werden konnten. Vielleicht eine Gelegenheit, um zu sagen, daß der Mann, mit dem er damals besonders intensiv und ergiebig erfolgreich zusammengearbeitet hat, Prof. Dr. Wolfgang Vogel, kurze Markenartikelbezeichnung: Anwalt Vogel aus Ost-Berlin, heute unter ist. Herzlich willkommen, Wolfgang Vogel.

So kümmerte sich Wehner um die einzelnen Menschen. War der große Stratege darin sentimental, wie unverständige Spötter meinten? Nein! Er hatte die Menschen wirklich im Blick, denen alle Politik dienen und helfen soll, jene Menschen, deren Rechte die Grundlage unserer Verfassung bilden, denn im Unterschied zu anderen Verfassungen beginnt unser Grundgesetz mit den Grundrechten der Menschen. Diesen Menschen wandte er soviel zu an Aufmerksamkeit und Kraft, er, der vieles durchlitten hatte. Und er kümmerte sich um sie nicht pauschal und in Reden, sondern einzeln, in Zehn- und in Hunderttausenden von Schicksalsfällen. Er liebte sie, und sie liebten ihn. Spätestens bei seinem Ausscheiden aus der Politik war das offenbar und ist es heute noch. Daß wir seiner gedenken und daß wir von ihm lernen, das ist er wahrlich wert. Und uns, liebe Freundinnen und Freunde, uns kann das nur nützen. Ich danke Ihnen.

Demokratie und Sozialstaat – Erbe und Auftrag

Franz Müntefering

Franz Müntefering, Vizekanzler der Bundesrepublik Deutschland
Rede in der Feierstunde im Kleinen Haus des Staatsschauspiels in Dresden am 11. Juli 2006

Sehr geehrter Herr Vorsitzender, lieber Jürgen Schmude, liebe Greta Wehner, lieber Hans-Jochen, lieber Helmut, liebe Freundinnen und Freunde, meine sehr verehrten Damen und Herren, und einmal muss es sein für alle Rechtgläubigen, liebe Genossinnen und Genossen!

Herbert Wehner wäre heute 100 Jahre alt geworden. Wir denken an ihn und wir ehren ihn.

Seine Lebensspanne umfasste die großartigen und die furchtbaren Ideen und Ereignisse des 20. Jahrhunderts. Menschenverachtende Ideologien und Mut zur Aufklärung und zur Friedfertigkeit, verfeindete Völker, Kriege und bittere Not, aber auch den Sieg der Demokratie, Wohlstand, ein Europa als Friedensmacht.

Herbert Wehner hat das alles erlebt und vieles davon gelebt. An ihm gingen die Ströme der Zeit nicht vorbei. Er steckte mittendrin, er hat sie mitgestaltet. Geboren 1906 in einfachen Verhältnissen. Aufgewachsen hier in Dresden als Sohn eines Schuhmachers und einer Schneiderin. Kaufmannslehre. Herumirrend in seinen eigenen 20ern und 30ern, als er den kommunistischen Ideen von der schnellen Revolution folgte. Bei der KPD, erst in Deutschland, dann in Moskau. 40 Jahre aktiv als Sozialdemokrat, als Parteilenker, als Staatsmann. Maßstäbe setzend. Geprägt von seiner Zeit und prägend. Dabei war Herbert Wehner einer, der nicht kalt ließ, der bewegte. So oder so.

Die Biografie eines so großen Mannes misst man nicht an Ausschnitten, wie das seine Gegner oft versucht haben. Da gilt das Ganze, die volle Lebensleistung. Respekt hat dieser Mann, dieser Mensch und der Politiker Herbert Wehner verdient. Aber nicht nur das. Bei vielen von uns Sozialdemokratinnen und Sozialdemokraten schwingen Zuneigung und Dankbarkeit mit. Und Helmut Schmidt war es, der 1983 einmal gar von Liebe zu Herbert Wehner gesprochen hat. Wir nannten ihn „Onkel" – und wir wussten warum! Darin steckte Bekenntnis zur engen Verwandtschaft, aber neben der Nähe auch die respektvolle Distanz.

Liebe Freundinnen und Freunde, die Anliegen der Arbeiterschaft umsetzen – in der Demokratie. Das wurde Herbert Wehners Bestreben, das war sein Ziel. Erst publizistisch. Dann ab 1946 politisch in der SPD. Kurt Schumacher hatte ihn fasziniert. Im Bundestag war Herbert Wehner dann von Beginn an mit dabei, als Stellvertretender Fraktionsvorsitzender in wichtiger Funktion. Und er wurde noch wichtiger. Als Fraktionsvorsitzender, als stellvertretender Parteivorsitzender, als Minister in der ersten großen Koalition und dann wieder als Fraktionsvorsitzender.

Herbert Wehner war und bleibt einer der großen. In der Sozialdemokratie und in Deutschland. Man konnte viel von Herbert Wehner lernen. Nicht das Geringste hieß: Politik ist Organisation. Und Organisation ist Politik.

Herbert Wehner stritt leidenschaftlich in der Sache. Er konnte überzeugen, aber er wusste auch, dass die Überzeugten organisiert sein müssen, wenn sie demokratisch legitimierte Macht gewinnen sollen und sie nutzen können, wollen. Das galt zum Beispiel für die Belange der Arbeiterschaft in der SPD, in der von Wehner stark geförderten Arbeit der Betriebsgruppen und später auch der AfA.

Das galt auch, als er 1966 die große Koalition einfädelte. Ich war damals Juso, frisch dabei, habe ihm Briefe geschrieben, er soll den Quatsch lassen. Er hat es trotzdem getan. Heute weiß ich: Er hatte recht. Er wusste damals, dass die SPD sich nicht aus der Verantwortung stehlen darf. Nach dem Scheitern der Regierung Erhard war klar, dass eine stabile Bundesregierung nur mit der SPD möglich wäre. Dafür hat er gekämpft.

Die ideologischen Gräben, die 1966 vor dem Bündnis lagen, waren groß und tief. Wehner, der ehemalige Anarchist und Kommunist, in einer Regierung mit dem Kanzler Kiesinger, einem ehemaligen NSDAP-Mitglied. Keine einfache Konstellation. Aber die Partner haben sich bemüht, die Sache in den Mittelpunkt zu stellen und fair zusammenzuarbeiten. Die große Koalition zwischen 1966 und 1969 hat Wichtiges geleistet. Vor allem hat sie weiter dazu beigetragen, dass die großen politischen Blöcke einander in ihren Positionen und Grundwerten akzeptieren.

Das macht den Streit in der Sache nicht überflüssig, hat es auch damals nicht, aber das demokratisiert und das zivilisiert ihn. Die SPD hat damals in der großen Koalition bewiesen, dass sie regierungsfähig ist. Heute steht das außer Frage. Heute wie damals hat eine große Koalition Sinn, wenn sie ein Bündnis ist, um den Staat handlungsfähig zu halten. Zum Nutzen der Menschen. Die Partner in der ersten großen Koalition haben das gewusst. Das müssen auch heute alle beherzigen.

Meine erste persönliche Begegnung mit Herbert Wehner hatte ich, als ich 1975 in den Bundestag nachrückte und mich bei ihm vorstellte. Ich habe ihm erklärt, wie ich die Dinge sehe und wie das so weitergehen soll in Deutschland und in der Welt. Wenn man in den Bundestag kommt, denkt man ja, dass man jetzt an der Stelle ist, wo man das auch machen kann. Ich habe über das Grundsätzliche gesprochen und über das Spezielle. Er hat während meiner Erklärung nur geraucht und abschließend gesagt: „Ja, fang mal an und pass' auf, dass du nicht austrocknest." Das war eine überraschende Antwort für mich. Sein Wort galt nicht meinem politischen Konzept, wenn es denn eines war. Sein Wort galt mir als Person.

Nicht austrocknen – was hieß das? Mit der Zeit habe ich es begriffen, hoffe ich. Eigentlich sagte Herbert Wehner zu mir: Hier brauchst Du Ausdauer. Hier wird so manche Idee trockengelegt. Hier versackt man leicht in der Routine des politischen Alltags. Aber das reicht nicht.

Einen wichtigeren Rat als den damals von Herbert Wehner habe ich selten bekommen. Und das gute Beispiel in Person gleich dazu: Der Mann brannte. Nicht lichterloh, schon gar nicht als Strohfeuer, sehr kompakt. Nachhaltig, sagt man heute wohl dazu. Manchmal war er ein Vulkan. Er lebte das große Paradoxon: Fortschritt ist möglich, aber die Aufgabe fängt täglich neu an. Stillstand ist Rückschritt.

Liebe Freundinnen und Freunde, ich will hier keinen Abriss von Herbert Wehners Leben und der Zusammenarbeit mit ihm geben. Das können andere besser. Hans-Jochen Vogel und Helmut Schmidt und Jürgen Schmude als Weggefährten. Und wer alles wissen will, dem sei Christoph Meyers Buch ans Herz gelegt. Ich will an diesem Tag einen Satz von Wehner beherzigen: „Nicht nur Gedenken, sondern Gedanken sind wichtig." Daran will ich mich halten.

Ich will mich auf einen Teil von Herbert Wehners politischem Engagement konzentrieren, der immer mitschwingt, wenn man über ihn spricht, der aber oftmals nicht im Mittelpunkt steht. Bekannt geworden ist Herbert als Deutschlandpolitiker, als Fraktionsvorsitzender, als Parteiorganisator. Als Stratege und Friedenspolitiker. Aber Wehner hatte neben all dem auch immer noch ein waches Auge für die Bedeutung des Sozialen. Und zwar ganz praktisch und konkret. Daran will ich meinen Beitrag orientieren.

Herbert Wehner wollte Menschen helfen. Das war seine Antriebskraft. Ich denke da auch an ein eigenes Erlebnis mit ihm. In meiner Sprechstunde saß damals eine Mutter, die aus der DDR geflohen war. Sie berichtete von ihrer Tochter, die noch drüben – so redeten wir damals – bei Verwandten wäre und die nicht raus gelassen wurde. Ob man da nicht etwas tun könne? Ich wusste nicht wie. Ich wusste nicht was. Also habe ich Herbert Wehner den Vorgang auf einer knappen Seite aufgeschrieben und in der Fraktionssitzung zugeschoben. Er gab mir zu verstehen, dass er sich bei mir melden werde und dass ich in der Zwischenzeit bitte nicht darüber quatschen solle. Das hatte ich auch nicht vor. Einige Zeit später hat er mich dann zu sich gewunken, wieder in einer Fraktionssitzung, und mir gesagt, dass das Mädchen bald zu seiner Mutter kommt. Ich solle auch weiter nicht darüber reden, denn das wäre schädlich. Er war barsch und er war sanft in einem.

Ich hatte damals das Gefühl, dass das auch Herbert Wehner glücklich gemacht hat, dass er mir dieses sagen konnte. Es war wie in Brechts Nachtlager: Die Welt war nicht besser geworden, aber ein Menschenkind hatte sein Zuhause gefunden. Im Kleinen helfen und im Großen.

Das Soziale war Herbert Wehner ein grundlegendes und grundsätzliches Anliegen. Nach seiner Hinwendung zur Sozialdemokratie gehörte er zu denen, die am klarsten den Zusammenhang von Sozialstaat und Demokratie beschrieben haben. Und begründeten.

Auch das ist Erbe und Auftrag von Wehner, dass „soziale Grundlegung für die Demokratie unerlässlich" ist, wie er einmal gesagt hat. Von diesem Gedanken soll mein Gedenken hier ausgehen. Nicht ganz allgemein, sondern orientiert an Herbert Wehner selbst. In der Vorbereitung für heute habe ich eine Rede aus dem Archiv erhalten, die Herbert Wehner am 30. September 1978 auf dem Parteitag des SPD-Bezirks Mittelrhein gehalten hat. (Einige Mittelrheiner sind hier, wie eben gemerkt, aus Bonn und Umgebung.) Sie trug den Titel „Soziale Sicherheit und Freiheit von Not".

Es war keine seiner furiosen Bundestagsreden, für die Herbert so berühmt war – aber eine Rede voller Substanz. Eine Rede in der Tradition des Weges, auf den er selbst die SPD mit dem Godesberger Programm gesetzt hat: Des Weges der sozialen Demokratie einer linken Volkspartei.

Herbert Wehner geht zu Beginn seiner eigenen Ausführungen zurück in die Geschichte: Der gut fundierte und verankerte Sozialstaat als historische Lehre aus dem Scheitern von Weimar.

Sozialstaat ist eben nicht nur Caritas, sondern staatlicher Auftrag und Rechtsanspruch – das ist Fundament des Sozialen und der Demokratie. Solidarität muss organisiert werden. Erst als eigenständiges Recht ist das Soziale mehr als nur eine gönnerhafte Gabe der Reichen an die Armen.

Das ist auch der Kern von Artikel 20 des Grundgesetzes: „Die Bundesrepublik Deutschland ist ein demokratischer und sozialer Bundesstaat." Die Demokratie und das Soziale bekommen hier Verfassungsrang. Im Blick hat Herbert Wehner in seinem Bezug auf das Grundgesetz und die Demokratie vor allem die Mitbestimmung der Arbeitenden in den Betrieben und in der Gesellschaft. Die Stellung der Arbeiter in der Demokratie zu verbessern – das war ihm ein zentrales Anliegen. Ich zitiere ihn: „Das Grundgesetz der Bundesrepublik Deutschland ist nicht die Hausordnung privilegierter Schichten. Die deutsche Verfassung ist Ausdruck der Solidarität mit den breiten Schichten unseres Volkes. Die Verfassung will den Sozialstaat und sie ist auf unserer Seite, wenn wir um die Verwirklichung des Sozialstaates ringen."

Eine wichtige Feststellung für die Sozialdemokratie, die ja nicht selten in ihrer Geschichte – bis in die Anfangszeit der Bundesrepublik hinein – zu Unrecht zum Verfassungsfeind stilisiert wurde. Heute ist klar: Die Verfassung ist auf unserer Seite, wenn wir für Sozialstaatlichkeit streiten und gegen Marktradikalismus. Weil das so ist, kommt es aber auch darauf an, den Staat handlungsfähig zu halten. Auch das ist Aufgabe von Politik. Herbert Wehner hat daran mitgewirkt, diese Möglichkeiten in unserem Lande aufzubauen. Er hat als leidenschaftlicher Demokrat für eine Ordnung des Friedens und der Freiheit gestritten. Manchmal polternd, nicht selten polemisch, aber immer durch und durch politisch, auf das

Gemeinwesen orientiert. Er wollte, das hat er kurz nach der Verabschiedung des Godesberger Programms gesagt, dass die SPD sich als die politische Partei bewährt, „mit der die Arbeitnehmer zu vollberechtigten Staatsbürgern werden". Dazu wollte er die Macht der Wirtschaft eindämmen und dem Sozialen und Kulturellen mehr Raum geben. Er wollte Teilnahme und Teilhabe der Arbeiterschaft an der Wirtschaft und am Wohlstand. Große Worte, große Aufgaben, die nur durch Politik, durch soziale Politik überhaupt gewährleistet werden können.

In seiner Rede von 1978 hat Herbert Wehner die Bedeutung der sozialen Sicherung klar beschrieben. Aktuell und noch heute auf jedem SPD-Parteitag beschlussfähig. Auch da noch mal ein Zitat von ihm:

„Soziale Sicherheit garantiert des Einzelnen persönliche Freiheit. Soziale Sicherheit ist eine wesentliche Ursache für den beispielhaften sozialen Frieden und die politische Stabilität. Soziale Sicherheit macht unser Land widerstandsfähiger gegen Krisen und Einflüsse von drinnen und draußen. Soziale Sicherheit fördert die Leistungsfähigkeit der Volkswirtschaft." So weit Herbert Wehner.

– Freiheit für den Einzelnen
– Sicherheit für die Gesellschaft
– Kraft für die Wirtschaft.

So kann man den Dreiklang in Wehners Sozialpolitik zusammenfassen. Und das ist bis heute das Fundament eines guten Sozialstaats. Diese Ziele sind nicht immer widerspruchsfrei, das wusste er. Aber sie dürfen auch nicht in einen falschen Gegensatz zueinander gebracht werden. Kluge Politik verbindet das und erkennt die Verstärkung in der Verbindung.

Herbert Wehner beruft sich in seiner Rede auf sechs Leitlinien sozialdemokratischer Sozialpolitik. Er fordert,

1. „den Schutz der sozialen Sicherung auf alle Bürger auszudehnen".

Jede und jeder hat ein Anrecht darauf, dass die existenziellen Risiken des Lebens gemeinschaftlich abgesichert werden. Das klingt zunächst selbstverständlich, aber das ist es nicht. Das ist immer wieder eine Anstrengung. Bei der Gesundheitsreform aktuell zum Beispiel haben wir es mit Hunderttausenden zu tun, die zur Zeit keinen Versicherungsanspruch haben. Das darf so nicht bleiben. Zukünftig wird jeder Mitglied einer Krankenversicherung sein. Dass der Schutz und die Leistungen allen zugute kommen sollen, war auch der Gedanke bei den Arbeitsmarktreformen, besonders bei der Zusammenlegung von Arbeitslosenhilfe und Sozialhilfe für Arbeitssuchende. Damit haben wir Hunderttausende aus der Sackgasse der Sozialhilfe heraus und in den Arbeitsmarkt geholt, weil wir wollen, dass alle, wirklich alle, die Chance bekommen, die ihnen zusteht.

Wehner forderte,

2. „dass soziale Sicherung den Lebensstandard sichern muss".

Soziale Sicherung darf kein Almosen sein. Das gilt auch heute noch. Wer arbeitslos wird oder krank oder alt, darf nicht ins Bergfreie fallen. Deswegen haben wir in der letzten Legislaturperiode die Grundsicherung im Alter eingeführt, um verschämte Armut im Alter zu verhindern. Und wir haben Voraussetzungen dafür geschaffen, dass die heute Jüngeren staatlich gefördert vorsparen können – für später. Wir haben auch Verantwortung für die soziale Sicherheit morgen. Wir müssen mehr in die Zukunftsfähigkeit investieren. Wir stecken mitten in diesem Veränderungsprozess drin. Herbert Wehner wusste, wir wissen: Totale Sicherheit kann es nicht geben. Wir dürfen auch nicht so tun, als ob es sie gäbe und als ob wir sie sichern könnten. Und wir müssen klar sagen: Das menschenmögliche Maß an Sicherheit kann es nur durch Wandel geben. Sicherheit durch Wandel. Herbert Wehner forderte,

3. „dass die Sozialleistungsempfänger auch am wachsenden Wohlstand teilnehmen sollen".

Wenn der Wohlstand wächst, dann sollen alle davon profitieren. Das ist klar. Das lenkt den Blick aber auch darauf, dass die Grundlagen des Wohlstandes immer wieder neu geschaffen werden müssen. Der „Traum der immerwährenden Prosperität" (Burkart Lutz) ist vorbei. Wir müssen um Wachstum und Wohlstand kämpfen, weil die Bedingungen widriger geworden sind. Das zu tun, ist Aufgabe sozialdemokratischer Politik. Deshalb kommt es darauf an, dass wir wirtschaftlich vorankommen, um der Sozialpolitik das Fundament zu geben. Bildung und Ausbildung, mutige Innovation, Produktentwicklung, neue Märkte – wir müssen das angehen, wenn wir unseren Lebensstandard sichern wollen – für heute und für morgen. Da ist der Staat gefragt, als Rahmengeber und Akteur.

4. „dass soziale Sicherung einen Beitrag zu mehr realer Freiheit und größerer sozialer Gerechtigkeit leisten muss".

Unsere Freiheit ist nie nur Freiheit zu etwas gewesen. „Die Gedanken sind frei" – das reichte uns nicht. Wir wollten auch die Freiheit von – die Freiheit von Not, von Unterdrückung, von Diskriminierung. Deswegen organisieren wir soziale Leistungen und soziale Sicherung so, dass sie dem Einzelnen helfen, Lebenschancen in Anspruch nehmen zu können. Wir beachten dabei die Herausforderungen der Demografie. Wir wollen sie beachten – besser gesagt. Akzeptiert ist das noch nicht überall. Aber wir dürfen an dieser Stelle als Sozialdemokratie nicht versagen. Hier müssen Freiheitschancen, auch für die kommende Generation, gewahrt bleiben.

5. „dass die präventive Funktion der Sozialpolitik ausgebaut werden muss" und „dass ein Abdecken der Risiken in den Wechselfällen des Lebens allein nicht die Philosophie des Sozialstaates sein kann".

Das ist vielleicht der wichtigste Punkt. Auf jeden Fall der, der bis heute der aktuellste ist. Sozialpolitik, so Wehner, ist nicht nur „Sanitätskolonne", die „mit dem Pflasterkasten hinter der Entwicklung herläuft". Um im Bild zu bleiben: Sozialpolitik muss mithelfen, zu verhindern, dass die Wunden überhaupt entstehen. Sie muss vorausschauen und vorsorgen und zur Vorsorge fähig sein. Die SPD hat das in aktuellen Überlegungen für das neue Grundsatzprogramm in den Begriff „vorsorgender Sozialstaat" gefasst. Wehner hat das vor 30 Jahren formuliert. Es ist wahr. Es ist besser Krankheit oder Arbeitslosigkeit zu verhindern, als sie langwierig und teuer mit Sozialleistungen wieder zu beseitigen. Wohlgemerkt: Es ist besser. Ruhmreicher ist es nicht. Wahlwirksamer nur selten. Doch das darf uns nicht ablenken. Zehn Gefahren vorzubeugen ist mindestens genauso wichtig, wie zehn Menschen aus Gefahren zu retten. Aber was glauben wir, wer von beiden von uns ein Lob bekommt? Der, der vorbaut oder der, der im Nachhinein versucht zu retten, was zu retten ist.

Die wichtigste Prävention überhaupt ist Bildung. Herbert Wehner hat in seiner Rede zur Regierungserklärung von Willy Brandt 1969 ganz deutlich darauf hingewiesen, dass es um die Chancengleichheit gehe, die Sozialdemokratinnen und Sozialdemokraten in der Sozial- und Bildungspolitik anstreben. Daran hat sich bis heute nichts geändert. Oft entscheidet sich ganz früh im Leben, welche Möglichkeiten ein Mensch im weiteren Verlauf haben wird. Die Verantwortung dafür anzunehmen – mit Investitionen in frühkindliche Bildung, in bessere Schulen, in mehr Ausbildungsplätze, in gute Hochschulen ist Teil sozialer, sozialdemokratischer, Politik. Hier – bei den Bedingungen für Familie und Kinder – setzt präventive Sozialpolitik an.

Dahinter steckt die Erkenntnis, dass wir heute in die Zukunft investieren müssen. Nur wer heute sät, kann morgen ernten. Das gilt insbesondere bei den Investitionen in die Köpfe und die Herzen der jungen Menschen. Das ist die Stelle, an der sich die Zukunft unseres Landes entscheidet. Hier können wir vorsorgen, wenn wir klug sind.

Herbert Wehner forderte endlich,

6. „dass es bei der Gewährung von Sozialleistungen nicht nur um Schadensabgeltungen und wirtschaftliche Absicherung geht, sondern auch um berufliche und soziale Wiedereingliederungen".

Er hat dabei vor allem die Menschen mit Behinderung im Blick. Aber das Prinzip gilt für alle Sozialleistungen. Heute sprechen wir von Fördern und Fordern.

Wir haben insbesondere mit den Arbeitsmarktreformen dafür gesorgt, dass Arbeitslosigkeit nicht länger nur alimentiert wird. Das ist wichtig – gerade auch mit Blick auf Ansprüche auf Teilhabe am Haben und am Sagen in unserem Land. Arbeit ist schließlich mehr als nur Finanzierung des Lebensunterhalts. Arbeit bedeutet auch Anerkennung und ein Stück Selbstverwirklichung. Nicht immer, aber in den meisten Fällen.

Liebe Freundinnen und Freunde, die sechs Leitsätze lassen sich in die Gegenwart übersetzen. Nicht ohne Brüche. Aber schließlich hat sich die Erde auch ein paar Mal gedreht seitdem und vieles hat sich verändert. Die Grundlinien aber bleiben. Die Herausforderungen auch. Der Sozialstaat, das wusste Herbert Wehner, kann nie zu 100% verwirklicht sein, „weil", so sagte er, „es immer neue Aufgaben gibt".

Und auch der Sozialstaat selbst birgt Gefahren. Nicht in der Sache, aber in der Form. Man kann Solidarität auch kaputt organisieren. Organisationen haben die Tendenz zu Apparaten zu werden, in denen die ursprüngliche Idee immer schwerer erkennbar ist. Diese Entfremdung von der ursprünglichen Idee führt zum Verlust von Akzeptanz. Wer nicht mehr sieht, wofür eine Organisation steht, der kann sie nicht verteidigen. Deshalb will ich Wehners Forderung ausdrücklich unterstreichen: „Die Organisationen, die Solidarität hineingebracht haben in das Ringen um mehr soziale Gerechtigkeit, die dürfen nicht zu bloßen Apparaten werden. In der Gefahr sind Organisationen häufig und immer wieder. Es liegt an uns, ihnen zu helfen, diesen Gefahren gewachsen zu sein."

Die heutige große Koalition mit ihrer breiten Mehrheit und ihrer Fähigkeit zu strukturellen Reformen kann hier einen guten Beitrag leisten. Sie kann. Bei der Föderalismusreform haben wir damit begonnen, indem wir Verantwortlichkeiten wieder klarer benannt haben. Andere Bereiche können und müssen folgen.

Die Zukunft des Sozialstaats sah Herbert Wehner übrigens in Europa. Nur dort werde künftig genügend politische Kraft zu bündeln sein, um den Markt sozial einzuhegen. Recht hat er. Die Überzeugung, dass Europa die Zukunft sozialer und demokratischer Politik sei, hat Herbert Wehner immer wieder zum Ausdruck gebracht. Auch das sollte uns heute Erbe und Auftrag sein.

Und liebe Freundinnen und Freunde, zum Schluss komme ich noch einmal auf das Wehner-Wort zurück, das mir im Gedächtnis geblieben ist: „Pass' auf, dass Du nicht austrocknest!" Das gilt nicht nur individuell. Das Soziale zu bewahren heißt auch, dafür zu sorgen, dass die Demokratie nicht austrocknet. Dass die Sozialdemokratie, die deutsche Sozialdemokratie immer wieder den Weg neu beginnt, an jedem Tag. Wissend, dass das Paradies auf Erden nicht möglich ist, aber dass das sich Abfinden mit den Dingen wie sie sind, nicht erlaubt ist. Leidenschaft zu haben, wie Herbert Wehner für die Sache, Augenmaß zu haben für das was geht und für das was nicht geht. Verantwortung zu haben für das Ganze. Das ist das, was wir alle miteinander brauchen.

Ich glaube, dass Herbert Wehner, wenn er uns heute sähe, manche Ermahnung für uns hätte, bin aber auch sicher, dass er uns Mut machen würde. Er hat es gewusst, er hat es erlebt und er hat es gelebt. Nichts geht leicht. Es kommt immer wieder darauf an, dass wir uns einstellen auf die neuen Herausforderungen, denen wir begegnen können und denen wir begegnen müssen und die wir bestehen müssen.

Herbert Wehner ist einer der ganz großen Sozialdemokraten, er ist ein außerordentlicher Mensch gewesen. Wenn wir über ihn reden, reden wir sehr oft anekdotisch. Er hatte ja viele Dinge an sich, die man gut erzählen kann. Und das macht auch seinen besonderen Charme aus. Und ich trage gerne oft mit dazu bei. Unglaubliche Zwischenrufe im Bundestag. Wo man als junger Mann dahinter gesessen hat und versucht hat mitzubekommen, was er denn da wieder gemacht hat. Die Art und Weise wie er klassisch, schnell, präzise, intelligent geantwortet hat, auf die, die vorne standen und geredet haben. Seine Art und Weise Dinge auf den Punkt zu bringen. Die Art und Weise wie er war und wie er lebte und wie er Politik machte ist das, was ganz oft in unseren Reden vorkommt.

Ich glaube aber, dass das Entscheidende war, und alle haben das gewusst: Die, die über seine Ausbrüche entsetzt waren. Die, die davor weggelaufen sind. Die, die damit gelebt haben. Die, zu denen er barsch war. Und die, zu denen er freundlich war: Dies ist ein Mann mit großer Substanz. Mit großer Substanz wie man sie selten trifft. Und deshalb war das einer, der uns allen viel zu sagen hatte. Jetzt und für die kommende Zeit.

Vielen Dank für Ihre Aufmerksamkeit.

Vom Klassenkämpfer zum Staatsmann
Helmut Schmidt

Helmut Schmidt, Bundeskanzler a.D.
Rede in der Feierstunde im Kleinen Haus des Staatsschauspiels in Dresden am 11. Juli 2006

Liebe Greta, liebe Freunde, meine Damen und Herren,

wenn hier von Herbert Wehner die Rede sein soll, so muss ich vorweg meine Parteilichkeit bekennen. Denn ich habe Herbert Wehner vertraut und bin in meinem Vertrauen nicht enttäuscht worden. Ich habe Wehner im Winter 1946/47 kennen gelernt. Mit der Ausnahme von vier Jahren Anfang der 1960er, wo ich in Hamburg war, habe ich Herbert Wehner von 1949 bis 1983 fast allwöchentlich getroffen. Zur ersten Hälfte seines Lebens – zunächst in Deutschland, später in Moskau und in Schweden – kann ich nichts beitragen.

In den 1940er Jahren hatte sich Wehner von Lenin – erst recht von Stalin – und vom internationalen Kommunismus schon ganz gelöst; noch nicht gelöst vom Marxismus und keineswegs von den Idealen der Arbeiterbewegung. Immerhin hat er mir aber 1953 zugestimmt, als ich nach einem nicht eben glänzenden Wahlergebnis vor einer Delegiertenversammlung dargelegt hatte, es sei ein Fehler, die Angestellten, Handwerker und Selbstständigen als Proletarier anzureden. Wehners Herz hing elementar an der Sache der Arbeiter. Als nach 1949 sich Wehners politische Aktivität in der Sozialdemokratie entfaltete, hatte er vieles hinter sich gelassen – auch viele Irrtümer. Aber die Not der Arbeiterschaft ist der Nährboden geblieben, auf dem sich sein humanistisches Bewusstsein von der Unabdingbarkeit persönlicher Freiheit entwickelt hat. Der Artikel 20 des Grundgesetzes – Franz Müntefering hat eben mit Recht schon darauf hingewiesen – der vom „demokratischen und sozialen Bundesstaat" spricht, ist für Herbert Wehner zum Kern seiner eigenen Politik geworden.

Wehner war ein strenger Moralist. Sein sehr bescheidener persönlicher Lebensstil und ebenso seine vielfältig im Verborgenen ausgeübte Hilfsbereitschaft für Menschen in Not waren Ausflüsse seiner Moralität. Freilich hat er es jedem Außenstehenden und auch jedem Journalisten schwer gemacht, seine Menschlichkeit zu erkennen. Denn nach außen war er robust, Gegnern gegenüber konnte er verletzend ruppig sein. Dabei war er selbst durchaus empfindlich und verwundbar; allerdings konnte er seine Verwundungen zumeist verbergen.

Aber die Wunden, die er sich in der ersten Hälfte seines Lebens zugezogen hatte, waren keineswegs glatt vernarbt, schlimmer noch: Sie brachen bisweilen wieder auf und führten dann zu erschreckenden Temperamentsausbrüchen. Manche hielten Wehner deshalb für einen Choleriker; und manche seiner Gegner haben geglaubt, in solchen Entgleisungen einen scheinbaren Beweis für seine angebliche Gefährlichkeit gefunden zu haben. Noch lange nach seinem Tode ist er von rechten Politikern und Journalisten verdächtigt worden, mit der sowjetischen Führung insgeheim konspiriert zu haben. Immerhin aber ist Franz Josef Strauß auf derartige Kampagnen nicht eingegangen, er hat im Gegenteil mehrfach eigene Parteifreunde wegen ihrer abfälligen Bemerkungen über Wehner zurückgepfiffen.

Wehner selbst war, ähnlich wie Strauß, mit Herz und Seele ein politischer Mensch. Er war ein zielstrebiger Stratege, der seine taktischen Karten verdeckt zu halten wusste. Sein strategisches Ziel war, die Einheit der Nation trotz der Teilung aufrechtzuerhalten. Es ging für ihn zugleich darum, Diktatur, Unfreiheit und Ungerechtigkeit unmöglich zu machen. Es ging ihm darum, Staat und Gesellschaft menschlicher zu machen. Es ging ihm deshalb auch darum, die Sozialdemokratie, seine Partei, regierungsfähig und zur regierenden Partei zu machen. Zugleich hat er sich sehr darum bemüht, das zerstörerische Freund-Feind-Denken zu überwinden – sowohl innerhalb des eigenen Vaterlandes als auch nach außen. Wer die wichtigsten Etappen der Verwirklichung von Wehners Strategien zurückverfolgt, der wird eine erstaunliche Stetigkeit feststellen – auch dort, wo er sich nicht hat durchsetzen können.

1958 wurde Herbert Wehner in die Führungsspitze der Sozialdemokratie gewählt; er hat ihr sodann ein Vierteljahrhundert lang als eine der tragenden und der treibenden Kräfte angehört. Am Beginn war Erich Ollenhauer Partei- und zugleich Fraktionsvorsitzender; jedoch waren Carlo Schmid, Fritz Erler und Herbert Wehner – sie galten bei uns, in der damaligen Bundestagsfraktion als die „Reformer"– diejenigen, die den Modernisierungs- und Öffnungsprozess der Sozialdemokratie vorantrieben. Das für diesen Prozess entscheidend wichtige, später mit Recht berühmt gewordene sozialdemokratische Godesberger Grundsatzprogramm des Jahres 1959 war im Verlauf der 50er Jahre schon in gedanklicher Vorbereitung. Daran haben viele mitgewirkt.

Zu seiner Annahme durch einen großen Parteitag hat der ehemalige Kommunist Herbert Wehner sehr entscheidend beigetragen. Die SPD knüpfte damit an die große Geschichte der Arbeiterbewegung an, jedoch war vom Klassenkampf keine Rede mehr. Die drei Grundwerte Freiheit, Gerechtigkeit und Solidarität traten ins Zentrum des Programms.

Ein Jahr später hat Wehner abermals einen entscheidend wichtigen Beitrag zur Reformierung seiner eigenen Partei geleistet. Fritz Erler, Adolf Arndt und manch anderer in der sozialdemokratischen Führung (so auch ich), wir hatten erkannt, dass unser Streben nach Vereinigung der beiden deutschen Nachkriegsstaaten ohne feste eigene Verankerung im Westen erfolglos bleiben musste; denn niemand würde uns Deutschen eine neutralistische Außenpolitik oder eine Wiederholung von Rapallo erlauben. Die endgültige Durchsetzung dieser Einsicht gegenüber Mitgliedschaft und Führung der Sozialdemokratie leistete Herbert Wehner mit einer großen Bundestagsrede am 30. Juni 1960. Beinahe ein halbes Jahrhundert liegt das heute zurück.

Zugleich führte diese Rede dazu, dass Wehner erste, zunächst sehr vorsichtig tastende Schritte in Richtung auf den Beginn einer Verständigung mit der Regierungspartei CDU/CSU unternehmen konnte. Diese Gesprächskontakte verbreiterten sich im Laufe der nächsten Jahre. Gleichzeitig ging die Ära Adenauer zu Ende; unter seinem Nachfolger Erhard verfiel zusehends die Regierungsfähigkeit der damaligen kleinen Koalition. Wehner nutzte 1966 die Chance, erstmalig seit 1930 die Sozialdemokratie wieder in die Regierung zu führen, gegen anfangs sehr erhebliche Bedenken großer Teile und wichtiger Führungspersonen der eigenen Partei (auch Willy Brandt war keineswegs begeistert von der großen Koalition der 60er Jahre). Den Ausschlag zugunsten der Großen Koalition gab die sorgfältig abgewogene Zustimmung des bereits todkranken Fritz Erler.

Diese erstmalige große Koalition löste ihre selbst gestellten Aufgaben – mit der wichtigen Ausnahme des Mehrheitswahlrechts – ohne allzu große Schwierigkeiten. Das gilt insbesondere für die Ergänzung des Grundgesetzes für Fälle eines Notstandes. Diese damals so genannte Notstandsgesetzgebung, die seither während fast vier Jahrzehnten tatsächlich niemals benötigt worden ist, war Gegenstand einer hoch emotionalisierten öffentlichen Diskussion, zumal sie mit den Studentenunruhen der sogenannten „Achtundsechziger“ zusammentraf. Im Bundestag wurde um die Regierungsentwürfe zur Notstandsgesetzgebung sehr tiefgreifend und ausführlich gerungen, sie wurden geändert und verbessert, ehe sich in beiden Regierungsfraktionen Mehrheiten herausbildeten. Dabei haben sehr viele Abgeordnete in beiden Fraktionen persönlich einen stärkeren Einfluss auf die Gesetzgebung ausgeübt als jemals vorher oder nachher. Immerhin, das Ziel wurde erreicht: Die bis dahin den Besatzungsmächten vorbehaltenen Rechte zum direkten Eingriff in die deutsche Innenpolitik wurden beseitigt.

1969, am Ende der Legislaturperiode, konnte Wehner zufrieden sein, zumal er selbst, Willy Brandt, Gustav Heinemann, Karl Schiller und viele andere ihre Tauglichkeit und ihre Wirksamkeit als Regierende erwiesen hatten. Entsprechend positiv fiel das Ergebnis der Wahl Ende 1969 für uns Sozis aus. Wehner und so auch ich –, wir hätten es danach vorgezogen, die Koalition mit der CDU/CSU fortzusetzen. Man muss ehrlich sein und nicht verschweigen. Wir hätten das vorgezogen. Statt dessen setzte Willy Brandt die sozialliberale Koalition durch. Sie hat dreizehn Jahre lang Deutschland nach innen und außen gut regiert; allerdings an ein Mehrheitswahlrecht war nun nicht mehr zu denken. Das war die große Ausnahme. Wir hatten uns ein Mehrheitswahlrecht vorgenommen in der großen Koalition, und dies war die Ausnahme, wo wir ein Ziel nicht erreicht haben. Nun, mit der kleinen Koalition, war daran natürlich nicht mehr zu denken.

Übrigens meine ich: Herbert Wehner ist sicherlich gern Bundesminister für Gesamtdeutsche Fragen gewesen, zumal er in diesem Amte ungezählten Menschen hat helfen können, die wegen der politischen Zweiteilung Deutschlands in große Not geraten waren. Er ist auch ganz gerne Bundesminister gewesen. Gleichwohl hat er zugestimmt, sein Ministeramt aufzugeben und als Vorsitzender in die Bundestagsfraktion zurückzukehren, als ich 1969 diesen Wechsel zur Bedingung dafür gemacht hatte, das Verteidigungsministerium zu übernehmen. Das wollten Brandt und Wehner. Ich sollte die Befehlsgewalt über die Bundeswehr übernehmen. Ich war gar nicht scharf darauf und ich hatte durchaus Manschetten. Ich hatte auch Manschetten vor dem eigenen Verein, denn ich wusste, im eigenen Verein würden sich alsbald einige Kräfte regen und mich als „Nachfolger Noskes" apostrophieren, mir Knüppel zwischen die Beine werfen. Ich wusste auch, Herbert Wehner als Fraktionsvorsitzender würde mir den Rücken freihalten. Und das hat er dann tatsächlich getan. Während der ganzen dreizehn Jahre der sozialliberalen Koalition habe ich mich auf diesen Mann verlassen können – trotz ganz erheblicher Unterschiede in unseren persönlichen Vorgeschichten, im Urteil und im Temperament.

Über die sogenannte Troika haben die Massenmedien vielerlei spektakuläre Geschichten geschrieben und gesendet; vielfach hat man sich Mühe gegeben, das Verhältnis zwischen Brandt, Wehner und Schmidt darzustellen als stärker von Differenzen denn von Zusammenarbeit und Übereinstimmung gekennzeichnet. Wahr ist, dass wir oft miteinander gerungen haben, wir waren keineswegs immer einträchtig. Jedoch nur ganz selten ist davon etwas zur Kenntnis der Öffentlichkeit gelangt, denn wir haben uns fast ausnahmslos auf gemeinsames Handeln verständigt. Deshalb blieben die auf Zwiespalt spekulierenden Journalisten und auch politische Gegner zumeist auf Hörensagen aus zweiter oder dritter Hand angewiesen, dabei haben dann auch Eitelkeit, Neid und andere allzu menschliche Attitüden eine Rolle spielen können. Tatsächlich haben wir eisern und ohne innere Zweifel an den Grundwerten des Grundgesetzes und des Godesberger Programms der SPD festgehalten und zugleich die bis 1969 weit vernachlässigte Ostpolitik vorangebracht.

Ich muss sagen: Wir sind weder enge persönliche Freunde gewesen, noch haben wir in allen Fragen des persönlichen Stils oder der Wortwahl keineswegs miteinander übereingestimmt – aber darauf kam es doch gar nicht an! Es wäre eine irreale, ja absurde Vorstellung, an der Spitze eines Staates oder auch nur einer Partei müsse ein persönliches Freundschafts- oder gar Liebesverhältnis bestehen. Sondern was statt dessen wirklich bestehen sollte, das sind Loyalität, Solidarität und das gemeinsame Ziehen am gleichen Ende des Stranges, zum gleichen Zweck und Ziel. Ich bin überzeugt, dass wir drei damals gemeinsam Anspruch haben auf Respekt gegenüber einer lange anhaltenden gemeinsamen Führungsleistung.

Das gilt notabene auch für die Klausur im Mai 1974 in Münstereifel, in deren Verlauf Willy Brandt sich zum Rücktritt als Bundeskanzler entschloss und zugleich mich als seinen Nachfolger vorschlug. Ich war darüber tief bestürzt, nicht nur, weil ich Brandts Begründung mit dem Fall Guillaume für gänzlich abwegig hielt, sondern auch, weil ich selber Angst empfand vor der enormen

Verantwortung eines Bundeskanzlers. Ich habe im Zorn Willy Brandt angeschrieen, aber er blieb bei seinem Entschluss. Herbert Wehner schlug dann vor, Brandt solle Parteivorsitzender bleiben. Dass aber Wehner für den Rücktritt Brandts verantwortlich sein soll, wie später vielfältig insinuiert worden ist, zuletzt noch vor ein paar Tagen im Fernsehen, das halte ich für ganz abwegig. Denn wenn Wehner entschlossen gewesen wäre, den Rücktritt Brandts auszulösen, dann hätte er zugleich beabsichtigen müssen, den Nachfolger zu präsentieren. Von solcher Absicht Herbert Wehners habe ich in Münstereifel jedoch nichts gespürt.

Später, nach dem Kanzlerwechsel, habe ich mich über alle acht Jahre auf Herbert Wehners Hilfe immer wieder verlassen können. Es gab allwöchentlich Kontakte und auch ausführliche Gespräche. Jedes Jahr habe ich für Wehner eine sehr ausführliche Zwischenbilanz geschrieben, sie betraf die außenpolitische Lage, die innenpolitische und die ökonomische Situation und die sich daraus ergebenden Aufgaben für Gesetzgebung und Regierung. Davon erhielten der Parteivorsitzende und einige weitere verschwiegene Führungspersonen Kopien; daraus ergaben sich dann Gespräche, Korrekturen und Ergänzungen. Aus jener Zeit erinnere ich allerdings auch eine politisch bedeutsame Meinungsverschiedenheit, nämlich über die sehr entgegenkommende Haltung Willy Brandts gegenüber den in großer Zahl in die SPD eintretenden jungen linken Intellektuellen, die zum Teil utopischen Vorstellungen anhingen. Wehner und ich blieben dagegen sehr reserviert. Immerhin hatten aber Wehner und Brandt sich 1972, noch zu Brandts Kanzlerzeit, für den sogenannten Radikalenerlaß entschieden (dem ich damals widersprochen hatte).

In den letzten drei Jahren der sozialliberalen Koalition spielte dann die vor allem von den Linken geführte öffentliche Diskussion über den NATO-Doppelbeschluss eine zunehmend große Rolle. Ich hatte ihn ausgelöst, weil ich über die vornehmlich gegen Deutschland gerichtete sowjetische Aufrüstung mit atomar bestückten Mittelstreckenraketen tief besorgt war. Während die neu ins Amt gekommene Carter-Regierung in Washington das damit gegebene Potential für eine spätere sowjetische Nötigung allein Deutschlands nicht ernst nehmen wollte, ganz anders als bei Carters Vorgänger, fand ich eine kooperative Haltung bei Giscard d'Estaing in Paris und bei James Callaghan in London. Zu dritt haben wir schließlich Jimmy Carter überzeugen können.

Es ist von vornherein klar gewesen, dass der Nato-Doppelbeschluss auch innerhalb der SPD, innerhalb Deutschlands auf Widerstand stoßen würde; in dieser deutschen Lebensfrage durfte aber nach meiner Überzeugung das taktische Interesse der Partei nicht Vorrang haben gegenüber dem strategischen Interesse unseres Landes. So haben damals auch Herbert Wehner und Willy Brandt gedacht; und bis an das Ende der sozialliberalen Koalition im Herbst 1982 blieb infolgedessen die sozialdemokratische Bundestagsfraktion bei der Stange.

Erst danach stellte sich Willy Brandt auf die Seite der Gegner. Wehner dagegen legte den Fraktionsvorsitz nieder, ich schied gleichfalls aus der Führung aus. Hans-Jochen Vogel als neuer Fraktionsvorsitzender fand eine äußerst schwierige Situation der nunmehr für anderthalb Jahrzehnte zur Opposition verurteilten Sozialdemokratie vor. Eine der schwierigsten Situationen, die man sich vorstellen kann.

Immerhin haben wir alle 1987 noch miterlebt, dass die Durchführung des Nato-Doppelbeschlusses die Sowjetunion zum Einlenken bewegt und tatsächlich den ersten Abrüstungsvertrag der modernen Geschichte ausgelöst hat.

Im Winter 1982/83 ist das sozialdemokratische Triumvirat an sein Ende gelangt. Aus dem Abstand von mehr als zwei weiteren Jahrzehnten darf ich heute vielleicht sagen: Herbert Wehner ist das wichtige Bindeglied gewesen. Während das Verhältnis zwischen Brandt und Schmidt am Anfang, in den 1960er Jahren, herzlich gewesen ist (jedenfalls von meiner Seite), so war es am Schluss, in den 1980er Jahren, nicht mehr ganz verlässlich. Das Verhältnis zwischen Brandt und Wehner war immer schwierig, zumeist aber diszipliniert und verlässlich. Das Verhältnis zwischen Wehner und Schmidt war nicht herzlich, aber ohne Ausnahme zuverlässig.

Wehner und Brandt sind zur Zeit von Hitlers Machtantritt bereits erwachsene Männer gewesen, während ich gerade erst vierzehn Jahre alt geworden war; wegen der verschiedenen Geburtsdaten und der verschiedenen Lebensläufe sind unsere politischen Prägungen zunächst sehr verschieden gewesen. Gleichwohl sind nach Ende der Nazi-Herrschaft, auf die keiner von uns hereingefallen war – Wehner und Brandt haben im Gegenteil bei Gefahr für ihre Leben Widerstand geleistet! – alle drei überzeugte Sozialdemokraten geworden. Dabei hingen Wehner und Brandt stärker am sozialistischen Ideal, ich etwas stärker am demokratischen Ideal. Wir hätten alle drei, wenn uns die Chance zugefallen wäre, die 1989/90 Helmut Kohl ergriffen hat, Deutschland zusammengeführt. Alle drei waren wir deutsche Patrioten und zugleich Überzeugungstäter der Einbindung Deutschlands in die europäische Integration.

Wenn heute abermals eine große Koalition das vereinigte Vaterland regiert, weil unser Wahlrecht zum Viel-Parteien-Parlament führt und weil das letzte Wahlergebnis zur großen Koalition zwingt, dann muss daran erinnert werden, wie sehr es auf den gegenseitigen Willen zur Zusammenarbeit mit dem Koalitionspartner ankommt. Ohne die von Herbert Wehner für die Sozis und Wolfgang Mischnick für die Freien Demokraten sorgfältig gepflegte freundschaftliche und vertrauensvolle Kooperation hätte die sozialliberale Koalition nicht dreizehn Jahre lang regieren können. Trotz seines tief begründeten sozialen Engagements, trotz seines kantigen und eckigen, bisweilen explosiven Temperaments ist Herbert Wehner stets ein geduldiger und aufmerksamer Zuhörer gewesen, gerade auch gegenüber dem damaligen Koalitionspartner. Er wußte natürlich, dass jedes demokratische Parlament und jede demokratische Partei auch durch Wettbewerb unter den handelnden und den führenden Personen gekennzeichnet sind. Er hat sich dieser Konkurrenz nicht entzogen. Zugleich aber ist er unermüdlich ein Diener der gemeinsamen Sache geblieben. Er hat immer beherzigt: Das Gemeinwohl steht höher als das Wohl der eigenen Partei. Im Dienste der salus populi, im Sinne Ciceros oder im Sinne Senecas ist er ein hochbegabter und ein erfolgreicher pragmatischer Parlamentarier gewesen.

Herbert Wehner hat im Laufe seines Lebens mancherlei Gegner und auch Feinde gekannt; zugleich hat er sich auf eine enorm große Anhängerschaft stützen können; viele haben sich als seine Freunde empfunden. Seine herzlichsten Freunde aber sind seine Frau Lotte und nach deren Tode Greta Burmester (noch später Greta Wehner) gewesen – ohne diese beiden hätte er sein aufreibendes, von Krankheit beeinträchtigtes Leben als Kärrner kaum bewältigen können. Er wollte „den Karren ziehen, solange der Karren es will“, so hat er bisweilen gesagt. Der Karren hat es über ein Vierteljahrhundert immer wieder gewollt.

Als er 1990 nach jämmerlichen Krankheitsjahren starb, habe ich einen Freund verloren, der immer zu seinem Wort gestanden ist. Deshalb empfinde auch ich große Dankbarkeit und mitmenschliche Zuneigung. Herbert Wehner war einer der ganz Großen.

Ich danke Ihnen fürs Zuhören.

Worte des Dankes
Greta Wehner

Greta Wehner, Ehrenvorsitzende der Neuen Gesellschaft Sachsen e.V.
Schlußwort zur Feierstunde im Kleinen Haus des Staatsschauspiels in Dresden am 11. Juli 2006
Nach dem Redemanuskript

Liebe Freunde, verehrte Gäste,

mir bleibt an diesem Tag die Aufgabe zu danken, ganz besonders Helmut Schmidt, der uns hat teilhaben lassen an seinen Erfahrungen und Erinnerungen an Herbert Wehner.

Beginnend 1946/47, aber vor allem aus der gleichzeitigen und gemeinsamen politischen Verantwortung im Wirken auf Bundesebene. Ich bin froh, daß er trotz der großen Hitze und seinem hohen Alter die Zusage nach Dresden zu kommen, aufrecht erhalten konnte. Danke Dir lieber Helmut.

Nicht weniger danken möchte ich Franz Müntefering, er hat eine schwierige Aufgabe, die von Vielen nicht verstanden wird. Demokratische Parteien sind kein monolithischer Block, sie bestehen aus Menschen mit weitgefächerten Vorstellungen: was, wann und wie angepackt werden muß, und was wie finanziert werden kann.

Wer wie Franz Müntefering, der in einer Bundesregierung wirken muß, die aus fast gleich großen Parteigruppierungen besteht, kann nur selten Wahlziele umsetzen und muß fähig sein, Kompromisse auszuhandeln und auch Ziele des Partners zu akzeptieren. Es hilft politisch nicht, erst akzeptierte, oder gar geschätzte Mitglieder dieser Regierung, so wie Franz Müntefering, nicht mehr zu mögen. Er hat ein hartes Brot zu essen als der Fuhrmann des ein wenig kleineren Partners unserer Regierung. Ändern kann dieses nur unser Volk als Wähler bei der nächsten Bundestagswahl, wenn es bereit ist, Politik als das anzusehen, was Herbert Wehner darunter verstand: „Das Ordnen der Dinge, die uns alle angehen". Dafür brauchen wir ein breit gefächertes Verständnis für politische Zusammenhänge, ein Teilhabenwollen und –können am politischen Geschehen durch viele Menschen.

Franz Müntefering war immer bereit und fähig, politisches Handeln verständlich zu vermitteln. Dafür wünsche ich Dir, lieber Franz, Durchhaltevermögen und danke Dir von Herzen für das Begleiten unserer Arbeit in Sachsen.

In meinen Dank schließe ich zwei Männer besonders ein. Jürgen Schmude, der vor 10 Jahren darauf bestand, wie er sagte, mich in meinen neuen Lebensabschnitt zu begleiten, er brachte mich vollgepackt in seinem Auto nach Dresden, und später wurde er Sprecher des Freundeskreises des Herbert-Wehner-Bildungswerkes. Der andere, Christoph Meyer, Leiter des Herbert-Wehner-Bildungswerkes. Ohne dessen Organisations-Kunst gäbe es diese Feier heute nicht. Beide zusammen haben den Entwurf des Aufrufes, der heute im Stiftungsbeirat beschlossen wurde, erdacht und verfaßt. Diesen beiden Männern möchte ich besonders danken und einige Zeilen aus diesem Aufruf zum Abschluß vorlesen:

Dem Dresdner Arbeitersohn Herbert Wehner „ist es wesentlich zu verdanken, daß Arbeiterbewegung und Sozialdemokratie einen mit tragenden und mit entscheidenden Anteil am Staats- und Gemeinwesen gewonnen haben. Er hat sich für Versöhnung und Völkerverständigung, für sozialen Ausgleich und Mitbestimmung stark gemacht. (...)" – Er setzte „sein politisches Gewicht dafür ein, Menschen zu helfen, besonders denjenigen, die unter den Folgen der Diktaturen in Deutschland zu leiden hatten. Sein Ziel war und blieb die deutsche Einheit. (...) Es bleibt eine dauernde Aufgabe, die Einheit Deutschlands zu vollenden und die Demokratie sozial zu gestalten. (...) Hier zu helfen, ist ein Gebot der Solidarität. Wir rufen dazu auf:

– das Erbe Herbert Wehners zu wahren, seine Leistungen für uns Heutige erfahrbar und nutzbar zu machen,

– eine Heimstatt für die demokratische politische Bildung in Sachsen zu schaffen, das Werk auszubauen und zu stärken und

– in diesem Sinne im Freundeskreis Herbert-Wehner-Bildungswerk mitzuwirken.

Auch dafür gilt der Leitspruch Herbert Wehners: ‚Helfen. Und arbeiten und nicht verzweifeln. Und auch die skeptischen Leute die Erfahrung erleben lassen, daß es mit Ehrlichkeit geht.'"

Ich danke allen Anwesenden und beende unsere Feierstunde.

Herbert Wehner und die Arbeiterschaft

Christoph Meyer

Dr. Christoph Meyer, Vorsitzender der Herbert-und-Greta-Wehner-Stiftung
Vortrag und Lesung zur Feier des 100. Geburtstags von Herbert Wehner
in Recklinghausen am 22. September 2006

Meine sehr geehrten Damen und Herren, liebe Genossinnen und Genossen!

Nach Berlin, Bonn, Dresden und Hamburg ist hier und heute in Recklinghausen die fünfte größere Feier zu Herbert Wehners 100. Geburtstag. Ich hoffe und bin sicher: Sie wird ein weiterer Höhepunkt in unserem Herbert-Wehner-Jahr 2006.

Namens der Herbert-und-Greta-Wehner-Stiftung und namens des Freundeskreises Herbert-Wehner-Bildungswerk in Dresden darf ich mich sehr herzlich für die Einladung hierher bedanken. Ich spreche hier aber vor allem als Autor der Herbert-Wehner-Biographie, welche rechtzeitig zu seinem 100. Geburtstag im dtv-Verlag erschienen ist.

Herbert Wehners Leben und Wirken im Spiegel dieses Buches eingehend und umfassend zu behandeln – das wäre sicher ein abendfüllendes Thema. Ich beschränke mich daher – und das paßt sicher gut zu diesem Ort – auf einen, wesentlichen Aspekt: Herbert Wehner und die Arbeiterschaft.

Ich beginne hier – manche könnten denken: ausgerechnet! – mit einer kleinen Lesung zu einem Wendepunkt in der Geschichte der deutschen Sozialdemokratie: dem Godesberger Programmparteitag von 1959, welcher den Wandel der SPD von der Arbeiterpartei zur Volkspartei beschloß.

> Als die Delegierten Mitte November 1959 in die Stadthalle von Bad Godesberg bei Bonn kamen, war Wehner längst angekommen, und zwar nicht als Trittbrettfahrer, sondern als Weichensteller.
>
> So wirkte seine eindrucksvolle Parteitagsrede sensationell, obwohl sie keine Sensation war. Wehner stellte die Programmreform nicht neben die Geschichte und das Erbe der Sozialdemokratie, sondern mitten in sie hinein: „Es gibt eine Evolution der Stellungnahmen der Sozialdemokraten zum Staat." Er wisse um die Erfahrungen der Weimarer Republik und der Diktatur. Er leitete daraus ab, daß der Marxismus als Doktrin und Lehrgebäude nicht parteibildend im Sinne der sozialen Demokratie oder des demokratischen Sozialismus sein könne: „Glaubt einem Gebrannten!" Das Programm sei kein Arbeiterprogramm. Für die Arbeiter und Arbeitnehmer sei es aber nützlicher als ein solches, denn es betrachte sie nicht mehr als abhängige Staatsbürger minderen Ranges, sondern als gleichberechtigt in der Demokratie Mitwirkende. Die Knappheit und Unbestimmtheit in manchen Punkten verteidigte Wehner: „Jeder Schritt wirklicher Bewegung, demokratischer Bewegung, Arbeiterbewegung und Arbeitnehmerbewegung ist wichtiger als noch so präzis ausgedachte Programmformulierungen."
> (...)

> Am Schluß des Godesberger Programms hieß es, die SPD sei „aus einer Partei der Arbeiterklasse zu einer Partei des Volkes geworden". Zunächst war das eine kühne Behauptung. Ihre Berechtigung mußte erst unter Beweis gestellt werden – organisatorisch wie politisch.
>
> Für Herbert Wehner war der Abschied von der „Arbeiterpartei" kein Anlaß, sich politisch vom Bemühen um die Arbeiter und Arbeitnehmer zu verabschieden, im Gegenteil. Gerade als „Volkspartei" konnte die SPD nicht davon ausgehen, daß die betriebstätigen Menschen ihr wie selbstverständlich zuströmten. Mit einem solchem Programm wie dem Godesberger mußte die Partei sich um so stärker um ihre Verankerung in der Arbeitnehmerschaft bemühen. Nur eine Woche nach dem Programmparteitag nahm Herbert Wehner in Bergneustadt an einem Kurs „Mensch und Betrieb" teil. Vor den dazu eingeladenen SPD-Gewerkschaftern, Betriebsräten und Betriebsgruppenleitern hielt er ein längeres Referat mit dem Titel „Die Arbeiterfrage im Grundsatzprogramm der SPD".
>
> Wehner wandte sich hier dagegen, eine Diskussion über Sozialisierung im Sinne von Verstaatlichung zu führen. Dies sei nicht einmal im Sinne von Marx gewesen, sondern eine kommunistische Auslegung. Die Sozialdemokratie habe ein völlig anderes Problem, nämlich „wie wir mit den Mitteln der Demokratie zum Sozialismus kommen". Die Demokratie sei nicht nur Voraussetzung für den Sozialismus und ein Kampfplatz, sondern der Sozialismus sei „vollendete, verwirklichte – für alle verwirklichte – Demokratie". Aufgabe der SPD sei, sich als die politische Partei zu bewähren, mit der „die Arbeitnehmer zu vollberechtigten Staatsbürgern werden". Dazu gehöre erstens das Ringen um eine Ordnung, die nicht mehr „die Vorrechte jener schützt, die über die große wirtschaftliche Macht gebieten", zweitens soviel Mitbestimmung und Selbstbestimmung wie möglich, und drittens die Eröffnung eines möglichst großen Spielraums in den Ländern und Gemeinden für kulturelle und soziale Leistungen, „die vor allem den breiten Schichten unseres Volkes" zugute kommen.

Ich finde übrigens, daß sich die SPD nach wie vor, auch heute, diesen Aufgaben zu stellen hat. Aber hier bin ich Historiker, und so frage ich: Woher kam Herbert Wehners Engagement für die Rechte der Arbeitnehmerinnen und Arbeitnehmer?

Nun, natürlich aus Dresden, seiner Heimatstadt, in der ersten Hälfte des 20. Jahrhunderts eine blühende Metropole, Sitz zahlreicher Unternehmen, eine Stadt des materiellen und des kulturellen Reichtums. Gleichzeitig stand in Sachsen die Wiege der Arbeiterbewegung und der Sozialdemokratie. Eindrucksvollen Wahlsiegen im ‚roten Königreich' stand jedoch die Ausgrenzung und Ohnmacht der Arbeiterschaft gegenüber der reaktionären Vorherrschaft entgegen. Diese Ausgrenzung war umfassend: politisch, kulturell und sozial. Herbert Wehner spürte sie am eigenen Leibe: Sein Vater war Schuhmacher, „ein Künstler in seinem Beruf", der jedoch gezwungen war, als Fabrikarbeiter seine Familie zu ernähren. Nach dem Krieg wurde der Vater arbeitslos, er wurde, wie Wehner sagte, einfach beiseitegeschoben. Dies steigerte die Wut des jungen Herbert ebenso wie sein eigenes Erleben mit einem bildungspolitischen Experiment:

> Eines der Reformexperimente [der damaligen sozialdemokratischen Landesregierung in Sachsen] betraf Herbert Wehner unmittelbar. Nach dem Abschluß der Volksschule 1921 hatte der Fünfzehnjährige eigentlich die Aussicht auf eine Lehre als Schriftsetzer. Doch dann bekam er einen Platz in einer „Experimentier- und Musterklasse – nicht Musterknabenklasse!". Der Anstoß hierzu war im Herbst 1920 vom „Verein der städtischen Bureaubeamten zu Dresden" ausgegangen. Dieser hatte in einer Eingabe an den Stadtrat auf die Notwendigkeit einer besseren Ausbildung der Beamtenschaft hingewiesen und vorgeschlagen, „abgehenden Volksschülern nach achtjährigem Schulbesuche noch die Möglichkeit [zu] bieten, eine bessere Schulbildung, die etwa den Lehrzielen der Realschule entsprechen würde, sich anzueignen, sie nebenher aber gleichzeitig auf den künftigen Beruf als Bureaubeamte vorzubereiten". (...) Ab Anfang 1921 lernten in den Räumen der Neustädter Realschule zwölf Schüler, je sechs Volks- und Realschüler. Alle waren durch gute Noten und eine Aufnahmeprüfung ausgewiesen. Unter ihnen war Herbert Wehner. Als Lehrer wurden besonders tüchtige Kräfte eingestellt, „die in ihrer Haupttätigkeit nicht der Schule angehören, sondern der Beamtenschaft, in die die Schüler späterhin einzutreten hoffen". Zu den Unterrichtsfächern gehörten, abweichend vom üblichen Lehrplan an Realschulen und auch Gymnasien, Staatsbürgerkunde (Verfassungs- und Rechtskunde), Volkswirtschaftslehre, Buchführung (mit Kassen- und Rechnungswesen) und Bürokunde. Die Schulleitung berichtete ans Ministerium: „In allen 4 Fächern ergab sich, daß der im Plan enthaltene Lehrstoff dem Verständnis der Schüler entsprach, ja daß die Klasse diesem Unterricht mit besonderer Lust und Liebe oblag". Ebenfalls obligatorisch und am Ende auch Prüfungsfach war Stenographieunterricht. Ab 1922 hörte Herbert Wehner außerdem Vorlesungen an der Dresdner Volkshochschule, und zwar Kurse in Volkswirtschaftslehre, Arbeitsrecht, Sozialpolitik, Geschichte und Literatur. Als begabtes Arbeiterkind genoß Wehner eine höhere Bildung. Er empfand diese besondere Ausbildungszeit als großes Glück..
> (...)
>
> Im Frühjahr 1924 schloß Wehner die dreijährige Verwaltungsausbildung an der Neustädter Realschule ab. Gustav Hahn, Rektor der Schule, war mit den Leistungen seiner Absolventen in hohem Maße zufrieden. Sie hatten bei der Reifeprüfung im Schnitt bessere Noten erzielt als die übrigen Real-

> schüler. Herbert Wehner erhielt in Betragen und Fleiß jeweils eine 1, in den Fachnoten kam er insgesamt auf die Note 2a. Er hatte nur Einsen und Zweien. Die besten Noten erzielte er in Religion, Deutsch, Volkswirtschaftslehre und Buchführung. Insgesamt schnitt er als Zweitbester ab. Dennoch ging die Ausbildung ins Leere. Der Staat wollte sparen, und 1924 begann in Sachsen der „Beamtenabbau". Ein Sperrgesetz machte Neueinstellungen unmöglich. Nach dreijähriger erfolgreicher Ausbildung wurde der gesamten Verwaltungsklasse der Neustädter Realschule eine Anstellung im Staatsdienst verweigert. Dabei war das erstrebte Ziel so dicht vor den Augen der Schüler sichtbar gewesen. Die Schule lag mitten im damaligen und heutigen „Regierungsviertel", in unmittelbarer Nähe der verschiedenen Ministerialgebäude. Scharen von Beamten kreuzten den Schulweg. Wehners Hinwendung zum Anarchismus, einer Lehre, die den Staat und die Beamtenschaft abschaffen will, wurzelte auch in der Empörung des 17jährigen über den gleichgültigen Umgang des Staates mit ihm und seinesgleichen.

Hier ein Brückenschlag zur aktuellen Debatte: Gleiche Chancen zur Bildung für alle sind wichtig, sie sind unabdingbare Voraussetzungen zur gesellschaftlichen Teilhabe. Aber das reicht nicht. Gleiche Lebenschancen gibt es nur dann, wenn ich in Betrieb und Gesellschaft mit meiner Bildung auch angenommen und gebraucht werde. Bildung darf nicht ins Leere gehen.

Herbert Wehner, dem solche Widersprüche nicht entgingen, neigte nicht zur Resignation, sondern eher zur Ungeduld. Er hatte das Gefühl, benachteiligt zu sein, und – ich zitiere ihn – „zog daraus die Konsequenz, daß man sich kümmern müsse, damit jedem seine Chance gegeben werden würde". So fing er an, politisch zu denken und zu handeln.

Worin bestand nun Herbert Wehners Handeln für Arbeitnehmerrechte?

1. Es war stets pragmatisch, auf die Menschen bezogen, solidarisch. Schon als Kommunist organisierte er Betriebsrätearbeit und schulte er Erwerbslose in ihren Rechten. Nach dem Krieg in Hamburg stieg er in die Betriebsgruppenarbeit ein. Er half einzelnen in Not Geratenen ebenso wie ganzen Belegschaften.

2. Herbert Wehner ist einer der Väter unserer heutigen Mitbestimmungsgesetzgebung. Im Jahr 1977 setzte er die Mitbestimmung in zähen Verhandlungen mit dem liberalen Koalitionspartner durch.

3. Herbert Wehner arbeitete nach dem Zweiten Weltkrieg unermüdlich daran, Arbeitnehmerschaft und Staat zu versöhnen, die aus der Arbeiterbewegung hervorgegangene SPD zur gleichberechtigt den Staat gestaltenden politischen Kraft zu machen. Dies gelang ihm über sein politisches Meisterstück: den Eintritt der SPD in die erste Große Koalition 1966.

Es wäre sicher noch vieles zu denken und zu sagen. Am Ende aber soll die Schlußpassage meines Buches stehen:

> Drei Themen sind es, die sich wie Leitmotive durch Herbert Wehners politisches Wirken ziehen: Erstens das Ringen um die demokratische Lösung der nationalen Frage des deutschen Volkes, zweitens der Einsatz für die gleichberechtigte Teilhabe und Mitwirkung der Arbeiterschaft in Staat und Gesellschaft und drittens der Einsatz politischer Macht, um bedrängten und in Not geratenen Menschen zu helfen. Auf allen diesen Gebieten erzielte Wehner bemerkenswerte Erfolge, ohne jedoch damit an ein Ende zu gelangen.
>
> Die Öffnung der Mauer und die Wiederherstellung der staatlichen Einheit Deutschlands wären, hätte Wehner sie noch bewußt miterlebt, ihm sicher als Erfüllung einer von ihm selbst kaum für erfüllbar gehaltenen Hoffnung erschienen. Das Ende der Geschichte hätte er darin nicht gesehen. Für ihn, so hatte er es 1959 auf dem Godesberger Parteitag gesagt, kam es darauf an, „den Staat wirklich bis in die letztmöglichen Konsequenzen zu demokratisieren und für die politische Demokratie feste Fundamente durch die Verankerung der Demokratie im Wirtschaftlichen und Sozialen zu schaffen".

Für das solidarische Miteinander
Greta Wehner

Greta Wehner, Ehrenvorsitzende der Neuen Gesellschaft Sachsen e.V.
Schlußwort zur Feier des 100. Geburtstags von Herbert Wehner
in Recklinghausen am 22. September 2006

Liebe Freundinnen und Freunde!

Über eine Zeitspanne von drei Jahrzehnten kam ich immer wieder mit Herbert Wehner nach Recklinghausen. Wir waren auf Veranstaltungen in der Stadt und im Kreis Recklinghausen.

Es entwickelte sich eine gute Verbindung zu vielen Menschen, die Mitglieder der SPD waren oder ihr nahe standen, und zu breiten Schichten der Arbeitnehmer in verschiedensten Wirtschaftsbereichen. DGB-Maifeiern kamen hinzu, und die im Bergbau Tätigen mit ihrem früheren Vorsitzenden Adolf Schmidt.

Für mich gibt es noch eine persönliche, indirekte Verbindung: Otto Burmeister, der Gründer der Ruhrfestspiele hier in Recklinghausen mit dem Motto „Kultur gegen Kohle". Otto Burmeister und mein Vater Carl Burmester waren in jungen Jahren die besten und engsten Freunde. Mein Vater überlebte 1934 nicht die Haft und die Verhöre bei der Gestapo in Hamburg. Otto Burmeister kam in den 50er Jahren in unser Bundestagsbüro. Bei dieser Begegnung, der ersten, die ich erinnere, sagte ich ihm: Du warst der beste Freund meines Vaters. Er reagierte verwundert und antwortete: Carl Burmester.

Aus diesem vielfachen Miteinander entstand der Wunsch des SPD-Unterbezirks Recklinghausen – neuerdings Kreisverband genannt –, sein Haus in der Paulusstraße Herbert-Wehner-Haus zu nennen, und daß Herbert die Vollendung seines 80. Lebensjahres mit einer großen Feier im Hause der Ruhrfestspiele begehen sollte.

Es gibt nur drei Geburtstage, die er nicht im engsten, privaten Umfeld verbrachte: Die Vollendung des 50. Lebensjahres auf dem SPD-Bundesparteitag 1956 in München, des 60. in Bonn in der Redoute – am Tag vorher hatte die SPD in Nordrhein-Westfalen bei der Landtagswahl erstmals eine regierungsfähige Mehrheit erreicht –, 20 Jahre später folgte Herbert Wehners letzter runder Geburtstag, die Vollendung des 80. Lebensjahres hier in Recklinghausen.

Für eure herzlich-warme Zuneigung zu einem oft rauh dargestellten Mann wie Herbert Wehner möchte ich euch heute danken.

In diesem Jahr haben wir der 100. Wiederkehr seiner Geburt in seiner Geburtsstadt Dresden, am Rande des Erzgebirges, mit einer jahrhundertealten Bergbaugeschichte, gedacht. In Dresden gibt es das Herbert-Wehner-Bildungswerk, dessen Freundeskreis sich jährlich am 11. Juli in Dresden trifft. Die Mitglieder sind alte und neue Freunde in ganz Deutschland, denen daran liegt, seine Erfahrungen, sein mitmenschliches Verhalten, seine Nähe zu breiten Schichten unseres Volkes für ihr heutiges politisches Handeln umzumünzen.

Ich lade jeden Interessierten ein, Mitglied in diesem Freundeskreis zu werden. Dresden ist eine Reise wert, Eintrittsformulare gibt es hier. Erinnern und Feiern ist nicht Selbstzweck, sondern die Möglichkeit, Kraft für das eigene Tun zu schöpfen.

Christoph Meyers Buch „Herbert Wehner" kann Anstöße für das eigene Wirken geben und anregen, darüber nachzudenken, was wir heute für unser Land und für die breiten Schichten unseres Volkes tun können, um das tägliche Leben zu erleichtern und Sicherheit im wirtschaftlichen Miteinander der Menschen und Völker zu erreichen.

Die Blöcke, die zu Herbert Wehners Zeiten die Politik beeinflußten, sind überwunden. Neue Spannungen sind entstanden, geprägt durch wirtschaftliche Verflechtungen weit über unsere Grenzen hinaus. Der Zusammenschluß der europäischen Staaten ist dadurch wichtiger geworden, eine demokratische Weiterentwicklung unseres europäischen Parlaments um so dringender.

Unsere Gewerkschaften müssen die internationale Zusammenarbeit zur Entwicklung menschenwürdiger Tarifverträge in den international verflochtenen Wirtschaftsunternehmen über unsere deutschen Grenzen hinaus entwickeln, und um Erhalt und Ausweitung der Mitbestimmung kämpfen.

Unsere Nachwachsenden, zumeist mit einer weit umfassenderen Schulbildung als meine Generation, müssen verstehen: Berufliche Entwicklung wird vom Ordnen der Dinge, die uns alle angehen, wie Herbert Wehner das Wort Politik erklärte, beeinflußt.

Dies möchte ich Ihnen und euch in dieser durch den Bergbau entwickelten Region, die heute im Umbruch zu neuen Wegen ist, mit ins tägliche Leben geben.

Ich möchte danken für das solidarische Miteinander, das Mittragen der Schwachen durch die Starken, wie ich es hier über Jahrzehnte erlebte. Hans-Jochen Vogel danke ich von Herzen. Er stellt sein Wissen und seinen Rat seit Jahren dem Herbert-Wehner-Bildungswerk zur Verfügung. Er, der inzwischen das 80. Lebensjahr vollendet hat, hat die weite Reise von München auf sich genommen, um hier in Recklinghausen Zeugnis abzulegen. Christoph Meyer, der neben seiner Arbeit im Herbert-Wehner-Bildungswerk das hier zu erwerbende Buch – gut zu lesen und sehr informativ – verfaßt hat, danke ich für seine Arbeit und seinen heutigen Beitrag.

Zum Schluß der SPD Recklinghausen von Herzen Dank für jahrzehntelange Freundschaft!

Aufruf: Herbert Wehners Erbe verpflichtet

Beschluß des Beirats der Herbert-und-Greta-Wehner-Stiftung
vom 11. Juli 2006

Heute wäre der Dresdner Arbeitersohn Herbert Wehner 100 Jahre geworden. Aus diesem Anlaß ehren wir einen Mann, der zu den Begründern der parlamentarischen Demokratie in der Bundesrepublik gehört. Ihm ist es wesentlich zu verdanken, daß Arbeiterbewegung und Sozialdemokratie einen mit tragenden und mit entscheidenden Anteil am Staats- und Gemeinwesen gewonnen haben. Er hat sich für Versöhnung und Völkerverständigung, für sozialen Ausgleich und Mitbestimmung stark gemacht. Mit seinem unermüdlichen, überzeugenden und erfolgreichen Eintreten für diese Ziele hat Herbert Wehner glaubwürdig die vollständige Abkehr von den politischen Irrwegen seiner jungen Jahre bezeugt und die bitteren Lehren aus seinen damaligen Erlebnissen gezogen. Folgerichtig setzte er sein politisches Gewicht dafür ein, Menschen zu helfen, besonders denjenigen, die unter den Folgen der Diktaturen in Deutschland zu leiden hatten. Sein Ziel war und blieb die deutsche Einheit.

Die Erfüllung dieses Wunschtraums hat er nicht mehr erleben können. Mit Greta Wehner wissen wir uns in der Überzeugung verbunden: Herbert Wehner wäre, hätte er es gekonnt, hierher, nach Dresden gegangen und hätte geholfen, die Demokratie in seiner sächsischen Heimat aufzubauen und zu sichern. Um hierbei zu helfen, ist Greta Wehner selbst vor zehn Jahren nach Sachsen gezogen und haben die sächsischen Sozialdemokraten das Herbert-Wehner-Bildungswerk gegründet. Sein Aufbau geht weiter, seine politische Bildungsarbeit wird gebraucht. Es bleibt eine dauernde Aufgabe, die Einheit Deutschlands zu vollenden und die Demokratie sozial zu gestalten. Die Demokratie braucht ein festes Fundament. In Sachsen stand die Wiege der deutschen Sozialdemokratie. Diese Tradition muß weiterleben. Hier zu helfen, ist ein Gebot der Solidarität. Wir rufen dazu auf:

- das Erbe Herbert Wehners zu wahren, seine Leistungen für uns Heutige erfahrbar und nutzbar zu machen,
- eine Heimstatt für die demokratische politische Bildung in Sachsen zu schaffen, das Werk auszubauen und zu stärken und
- in diesem Sinne im Freundeskreis Herbert-Wehner-Bildungswerk mitzuwirken.

Auch dafür gilt der Leitspruch Herbert Wehners: „Helfen. Und arbeiten und nicht verzweifeln. Und auch die skeptischen Leute die Erfahrung erleben lassen, daß es mit Ehrlichkeit geht."

Die Mitglieder des Stiftungsbeirats: Dr. Jürgen Schmude, Peter Adler, Dr. Klaus Deubel, Constanze Krehl, Hanjo Lucassen, Franz Müntefering, Greta Wehner.

Der Freundeskreis Herbert-Wehner-Bildungswerk

Auszug aus der Satzung der Herbert-und-Greta-Wehner-Stiftung § 13a Freundeskreis Herbert-Wehner-Bildungswerk

(1) Die Herbert-und-Greta-Wehner-Stiftung ist Trägerin des Freundeskreises Herbert-Wehner-Bildungswerk.

(2) Diesem Freundeskreis kann jeder angehören, der die Regelungen des Freundeskreises in der Satzung der Herbert-und-Greta-Wehner-Stiftung anerkennt und ihre Arbeit fördern möchte.

(3) Über die Angehörigkeit zum Freundeskreis entscheidet der Stiftungsvorstand.

(4) Die Mitglieder des Stiftungsbeirats sind ebenso, ohne weiteren Beschluß, Angehörige des Freundeskreises, wie diejenigen, die bei Ablauf des Jahres 2005 dem Freundeskreis Herbert-Wehner-Bildungswerk angehört haben.

(5) Der Freundeskreis legt jährlich seine Aufgabenschwerpunkte für jedes folgende Jahr fest. Er beschließt über die Höhe des jeweils geltenden Mindestbeitrages sowie über einen Verwendungsvorschlag der durch seine Mitglieder gezahlten, gespendeten und gesammelten Einnahmen. Die Einnahmen werden auf einem Sonderkonto erfaßt.

(6) Zur Leitung seiner Zusammenkünfte sowie zur Vertretung des Freundeskreises gegenüber dem Stiftungsbeirat und in der Öffentlichkeit wählt er einen Sprecher und zwei Stellvertreter. Zur Führung der laufenden Geschäfte wählt der Freundeskreis aus seiner Mitte einen Geschäftsführer. Die Wahlen erfolgen nach Notwendigkeit.

Freundeskreis Herbert-Wehner-Bildungswerk

Adresse:	Kamenzer Straße 12, 01099 Dresden
Telefon:	(03 51) 80 40 220,
Telefax:	(03 51) 80 40 222
E-Mail:	info@wehnerwerk.de
Internet:	www.wehnerwerk.de
Spendenkonto:	Ostsächsische Sparkasse Dresden Konto-Nr. 312 006 902 6, BLZ 850 503 00

Beitrittsformulare im Internet unter www.wehnerwerk.de/freundeskreis

Information zur steuerlichen Abzugsfähigkeit von Spenden

Die Herbert-und-Greta-Wehner-Stiftung ist eine Stiftung des privaten Rechts und nach § 5 Abs. 1 Nr. 9 des Körperschaftssteuergesetzes steuerbefreit. Damit gelten für die steuerliche Abzugsfähigkeit von Spenden besondere Regeln. Und zwar gilt für Privatpersonen, die Einkommensteuer zahlen sowie für Unternehmen, die Gewerbesteuer zahlen folgendes: Zuwendungen von Privatpersonen, Körperschaften und Unternehmen sind im jeweiligen Kalenderjahr bis zur Höhe von EUR 20.450,- steuerlich abzugsfähig. Die steuerrechtlichen Grundlagen regeln § 10b Abs. 1 und Abs. 1a EStG sowie § 9 Nr. 5 Satz 3ff. GewStG. Die Übertragung von Vermögen auf die Herbert-und-Greta-Wehner-Stiftung ist nach § 13 Abs. 1 Nr. 16b Erbschaftssteuergesetz von der Erbschaftssteuer befreit. Zudem kann geerbtes oder geschenktes Vermögen nachträglich von der Erbschaftssteuer befreit werden, wenn es innerhalb von zwei Jahren nach Erbanfall der Stiftung zugewendet wird.

Herausgeber Herbert-Wehner-Bildungswerk e.V.
Kamenzer Straße 12
01099 Dresden
Telefon: (03 51) 80 40 220
Telefax: (03 51) 80 40 222
E-Mail: info@wehnerwerk.de
Internet: www.wehnerwerk.de

Redaktion Sven Braune, Nadine Mahnecke, Christoph Meyer
Fotos Michael Bader, Freiberg;
Herbert-und-Greta-Wehner-Stiftung, Dresden
Gestaltung Thomas Kohl, Dresden, thomaskohldesign.de

Druck Druckhaus Dresden

ISBN-13: 978-3-939971-00-9
ISBN-10: 3-939971-00-6